하늘에서 온 첫 편지

| 일러두기 |

본문에 인용한 성경은 대한성서공회에서 펴낸 개역개정판을 기본으로 하였으며,
다른 역본일 경우에는 별도의 표기를 하였습니다.

신우인의 하늘 이야기1

하늘에서 온 첫 편지

신우인 지음

1판 1쇄 발행 2009. 2. 19. | **1판 11쇄 발행** 2019. 7. 11. | **발행처 포이에마** | **발행인 고세규** |
등록번호 제300-2006-190호 | **등록일자** 2006. 10. 16. | 서울특별시 종로구 북촌로 63-3
우편번호 03052 | 마케팅부 02)3668-3260, 편집부 02)730-8648, 팩스 02)745-4827

값은 뒤표지에 있습니다. ISBN 978-89-93474-06-0 03230, 978-89-93474-05-3
(세트) | 독자의견 전화 02)730-8648 | 이메일 masterpiece@poiema.co.kr | 좋은 독자가
좋은 책을 만듭니다. | 포이에마는 독자 여러분의 의견에 항상 귀를 기울이고 있습니다.

신우인의 하늘 이야기 1

하늘에서 온 첫 편지

"눈이 짓무르도록 울었습니다"

THE STORY OF HEAVEN

창세기 上

신우인 지음

포이에마
POIEMA

어느 날 밤 한 유대인이 예수님을 찾아옵니다. 그와의 문답 중에 예수님이 이런 말씀을 하셨습니다. "내가 땅의 일을 말하여도 너희가 믿지 아니하거든 하물며 하늘 일을 말하면 어떻게 믿겠느냐" (요 3:12).

그의 이름은 니고데모입니다. 니고데모는 율법을 열심히 지키는 바리새인입니다. 바리새인은 율법 준수를 통하여 하나님의 복을 받겠다는 사람들입니다. 율법의 기본은 십계명입니다. 그런데 이들은 열 개의 조항을 2,134개로 확대해놓았습니다. 그 이유는 여러 가지가 있겠지만, 십계명을 누구보다도 잘 지켜 하나님의 복을 누구보다도 많이 받아보겠다는 것입니다. 그런 바리새인들과 예수님은 언제나 충돌하였고, 예수님은 이들을 가장 신랄하게 비판하셨습니다. 급기야 이들은 예수님을 십자가에 못 박아버립니다.

종교는 땅의 존재가 하늘의 존재를 만나기 위한 행위의 총체라고 정의할 수 있습니다. 그 행위는 치성, 예배, 헌금, 헌신, 수양, 계율 준수, 고행, 선행 등등 종교마다 각각 다릅니다. 그 행위를 통하여 섬기는 신을 만나고 그 신으로부터 복을 받고, 종래는 그 신의 세계(천국, 극락, 무릉도원 등)로 들어가겠다는 것입니다.

'천기누설天機漏洩'이라는 말이 있습니다. 하늘의 뜻, 신의 뜻을 깨달은 사람이 그것을 사람들에게 알려준다는 것입니다. 주로 고매한 승려나 무당, 점쟁이, 도사 등과 관련하여 사용하는 말입니다. 그들은 하늘의 존재와 통하는 특별 비밀 수단을 알게 되어 자신들만이 하늘의 존재와 내통하게 되었다고 합니다. 그리고 사람들은 그 천기를 얻어보겠다고 그들에게 존경과 권력과 부와 명예 등 특별한 대우를 합니다. 바리새인들이 만들어놓은 2,134개의 복잡한 율법 조항도 천기누설의 한 통로라고 할 수 있습니다. 바리새인들이 누렸던 특권들도 백성들이 제공한 것입니다.

하나님의 아들인 예수님은 직접 이 땅에 오셨는데도, 대접도 제대로 받지 못하셨고, 고생 고생하시다가 십자가에서 처참하게 돌아가셨습니다. 그러자 따르는 무리들도 모두 뿔뿔이 흩어졌고 예수님의 부활 승천 후에도 마가의 다락방에 모인 무리의 수는 고작 120명 정도였습니다. 만약 예수님이 부활하시지 않았다면 이나마도 모이지 않았을 것입니다.

이 모든 것이, 예수님의 종교관과 사람들의 종교관이 다르기 때문에 생긴 일들입니다.

무병장수·부귀영화·만사형통이 기독교의 목적이라면 예수님은 굳이 이 땅에 오지 않으셨어도 됩니다. 다른 종교가 이미 누구보다도 잘 하고 있기 때문입니다. 그런데 예수님이 오셨습니다. 그리고 바리새인들과 날카로운 각을 세우셨습니다. 한마디로 "너희들이 틀렸다"는 것입니다. 하나님의 뜻을 바리새인들이 오해했다는 것입니다.

지금은 어떨까요?

기독교인들은 하나님의 뜻과 예수님의 마음을 올바로 이해하고 있을까요?

혹시 목사는 천기를 깨달은 특별한 사람으로 사람들 위에 군림하고, 사람들은 무작정 추종하는 것이 아닐까요?

추종하는 이유는 무병장수·부귀영화·만사형통을 위해서가 아닐까요?

예수님이 다시 오신다면 우리더러 잘하고 있다고 하실까요?

아니면 우리는 예수님을 못 알아보고 다시 각을 세우고 어떻게 해서든지 그분의 입을 봉하려고 할까요?

'누설'이란 어떻게 해서든지 막아보려는 의도가 좌절되었다는 뜻입니다. 프로메테우스는 신들만이 사용하는 불을 훔쳐서 인간에게 나눠주었습니다(불을 누설했습니다). 그런 그에게 형벌을 주는 것이 다른 신들의 뜻입니다. 그러나 하나님은 전혀 다릅니다. 모든 사람들이 하나님의 뜻을 알기를 간절히 바라십니다. 그래서 하나님의 아들이 이 땅에 오신 것입니다. 성경은 바로 그 하나님의 뜻을 고스란히, 명확하게, 밝히 드러낸 하늘의 책이요 하나님의 말씀입니다.

밝히 드러내신 하나님의 뜻을 사람들은 계속 왜곡시켜 자신의 방식대로 해석·적용하며 살았습니다. 예언자들을 보내어 다시 가르쳤지만 사람들은 그들을 박해하고 죽였습니다. 듣지 않겠다는 것입니다. 급기야 하나님의 아들이 친히 오셨습니다. 그리고 말씀하십니다.

"내가 땅의 일을 말하여도 너희가 믿지 아니하거든."

"하물며 하늘 일을 말하면 어떻게 믿겠느냐?"

온 천지만물, 우리가 딛고 사는 땅도 하나님이 만드셨습니다. 하나님의 선물입니다. 그런데 하나님의 마음을 제대로 읽지 못한 사람들이 이 귀한 선물을 엉망진창으로 만들어버렸습니다. 그러고는 그 진창에서 아우성을 칩니다. 나만은 잘 살아보겠다고 그 비결을 찾아 헤맵니다.

사람들은 열심히 성경을 뒤지며 복 받는 비결과 공식을 찾고 만들어냅니다. 그러나 이것은 하늘 이야기를 열심히 땅의 이야기로 환원시키는 것입니다.

예수님은 니고데모에게 이런 말씀도 하셨습니다. "물과 성령으로 나지 아니하면 하나님 나라에 들어갈 수 없느니라"(요 3:5).

그러자 사람들은 즉시 이 말씀을 생각합니다. 그리고 천국 가는 공식을 만들어냅니다. "아, 물로 거듭나는 것은 '물세례', 가만 있자, 그러면 성령으로 거듭나는 것은…옳지, 성령을 받은 가장 두드러진 증거는 '방언'이지." 그래서 '물세례＋방언＝천국'이라는 공식을 만들어 사람들에게 시행합니다.

물세례를 받고 방언하는 사람에게는 천국이 보장되었다는 것입니다. 과연 예수님의 의도가 그런 것일까요? (물세례와 방언을 평가절하하는 것이 절대 아닙니다.)

니고데모는 신실한 사람입니다. 율법 준수와 십일조는 물론 열심히 선행을 행하는 사람이었습니다. 바리새인이었음에도, 귀족이었음에도, 진정한 구원을 찾아 청년 목수 예수님을 찾은 겸손한 사람입니다. 그런데도 예수님은 칭찬은커녕, 니고데모의 존재 근거 자체를 부정하셨습니다.

우리가 가장 중시하는 예배와 기도와 말씀은 땅의 존재인 우리가 하늘의 존재인 하나님을 내 뜻에 맞게 움직여보기 위한 수단이 절대로 아닙니다. 예배와 기도와 말씀은 하나님의 마음 읽기입니다. 하나님의 시각에서 아래에 있는 땅을 내려다보라는 것입니다.

뒷동산에만 올라도, 내가 코 박고 울며불며 전전긍긍하던 삶이 내려다보입니다. 그래서 불황기에 산을 찾는 사람들이 많아집니다.

성령께서 풀어주신 하늘 이야기인 성경을 땅의 이야기로 환원하는 일을 저라도 그만두려고 합니다. 어찌 온 우주를 품는 하나님의 뜻을 먼지만도 못한 제가 알겠습니까? 하지만 가도 가도 여전히 거기에 있는 수평선처럼 하나님도 멀리 계시지만, 제가 알아들을 수 있는 언어로 적어주신 하늘 이야기의 파편이 뱃전에 부서져 얼굴을 간질이는 물방울처럼 제 온 몸을 적십니다.

숨 쉬며 사는 것 자체가 은혜인 것을…. 땅의 뜻을 하늘에서 이루어달라는 몸부림을 멈추고, 하늘의 뜻을 이 땅에서 이루는 일에 작은 힘을 보태려고 합니다. 그래서 '하늘 이야기'란 제목을 달았습니다.

    제대로 목회도 못하는 저를 참아주며 마음고생만 한 아내 한방원에게 감사하고, 종교의 장벽을 넘어 기독교 서적 출판의 길을 열어주신 김영사 박은주 사장님과, 10년 동안 제게 마이크와 카메라를 제공해주신 CBS 방송국 관계자 여러 분들, 특히 김종욱 PD께 머리 숙여 사의를 표합니다. 첫 만남부터 따뜻한 마음이 들게 하고, 이 책이 출간될 수 있도록 기획해주신 포이에마 김도완 주간님, 그리고 저를 평생 친구로 받아준 동역자 강병오 목사님과 강옥순 사모님께도 감사의 말씀을 전합니다. 그리고 총명하고 쿨하게 교정과 조언을 해주신 편집자 이진경 씨와의 만남도 새로운 기쁨이었습니다.

2009. 1.

파주 헤이리에서

"예수 그리스도의 종 바울은 사도로 부르심을 받아Paul, a servant of Jesus Christ, called to be an apostle." 로마서 1장 1절 말씀입니다. 노스 캐롤라이나 웨이크 포레스트North Carolina, Wake Forest 숲 속에 자리 잡고 있는 한 남침례교단 소속 신학교에서 있었던 로마서 강해 첫 수업 시간에서 미국 교수가 읽어준 구절입니다. 이어서 교수는 '종'이란 무엇인지 설명하기 시작했습니다.

그때 그 수업을 저는 아직도 잊지 못하고 있습니다. 그때를 떠올리면 온 몸을 타고 흘러내리던 전율이 다시 소름을 돋게 합니다.

저는 지방 소도시에서 초등학교를 졸업하고 어렵게 서울로 올라와 중고등학교를 마쳤습니다. 그리고 어릴 때의 꿈인 화가가 되기 위해서 미술대학에 지원했지만 1차에 낙방하고 말았습니다. 원하지 않는 대학(일류대학이 아니라는 이유로)을 다니는 둥 마는 둥하던 저는 얼마 못가 학교를 집어치우고 이듬해 성적에 맞춰 한 대학 독문과에 들어 갔습니다. 그러나 독일어는 재미 하나도 없었습니다.

대학 시절 연극을 한답시고 이리저리 몰려다니다가 우여곡절 끝에 졸업하고 취직했지만 역시 재미 하나도 없었습니다.

'뭘 하지?' 부친의 뒤를 이어 목사가 되기로 하고 신학대학원에 입학하였습니다. 당시는 군부 독재 시절이라 자유진보주의 신학교에는 해직 교수와 그런 성향의 학생들로 넘쳐났습니다. 독재 타도의 함성으로 가득했던 신학교 역시 재미 하나 없었습니다. 정치에는 전혀 관심이 없었기 때문입니다. 게다가 로마서를 사도 바울이 쓴 줄도 모르던 저는 교수님이 설명하는 '사도 바울 저작 부인설'로 혼란만 가중되었습니다. 또 다른 우여와 곡절 끝에 졸업하게 되었습니다.

'뭘 하지?' 친하게 지내던 교수님이 사회학을 공부하고 돌아오면 교수 시켜준다는 말에 사회학을 공부하기 위해 덜컥 미국으로 유학을 떠났습니다. 'Oh, my God!' 사회학에 아무런 관심도 없던 저는 숫자로 가득한 통계에 나가떨어지고 말았습니다. 초등학교 시절부터 최고 취약 과목이 산수算數인 저에게 숫자는 정신만 없게 만드는 것이었기 때문입니다. 또 다른 우여와 곡절 끝에 간신히 학점을 채웠지만 더 이상 계속할 수는 없었습니다. 돈도 떨어지고 학생 신분을 유지하기 위해서는 다른 학교를 알아봐야 했습니다.

'어쩌지? 뭘 하지?' 그래서 가게 된 곳이 대서양 끝자락에 있던 그 신학교였습니다. 그곳을 가게 된 이유는 단 하나, 학비가 무진장 쌌기 때문입니다.

그 학교에 대한 기대라고는 눈곱만큼도 없었습니다. 그런데 더 이상 멍해질 수 없을 정도로 멍해진 제 뇌를 로마서 1장 1절이 깨운 것입니다.

물론 그동안 그저 재미와 흥미를 쫓아 살았던 것은 결코 아닙니다. 본질! 그것을 찾아다녔던 것입니다. 그런데 전혀 예상치 못한 곳에서 그것을 찾은 것입니다.

남침례교인들의 별명은 Bible Lover, 즉 '성경을 사랑하는 사람'입니다. 이들에게는 신학이 별로 없습니다. 이들은 그저 성경의 문구만 붙들고 살아온 사람들입니다. 성경 말씀을 하나님이 주신 것으로 믿고, 단순히 그렇게 살아온 것입니다.

한국신학교에서는 불트만, 몰트만, 쵤레, 니버, 틸리히 등 수많은 신학자들에 대해서 배웠습니다. 가장 최신 신학에 대해서도 배 있습니다. 나름대로 열심히 공부했습니다. 그런데 도무지 본질을 만날 수가 없었습니다.

그러나 로마서 강해를 들은 그날 평생 해야 할 일을 찾았습니다. 목사로 사는 동안 사람들을 Bible Lover로 만들기로 결심한 것입니다.

그리고 하나님은 왜 이런 말씀을 하셨는가, 왜 이렇게 행하셨는가를 생각했습니다. 다양한 문서설과 잡다한 신학 이론, 일점일획도 오류가 없다는 축자영감설, 또 타협의 여지가 전혀 없는 근본주의자들의 교리들과 굳건한 주장들을 뒤로 밀쳐놓고, 창세기 1장 1절부터 공부하기 시작했습니다. '하나님은 왜 이리 하셨을까? 하나님이 나에게, 또 우리에게 하시고 싶은 말씀은 무엇일까?' 그 생각만 하면서 살았습니다.

그리하여 어디를 가나 무조건 창세기 1장 1절부터 가르쳤습니다. 한국에 돌아와서도 그랬습니다. 부목사이건, 담임목사이건, 성경을 가르쳐달라는 사람이 있으면 그렇게 하였습니다. 10년 전 CBS 라디오 방송에서 성서강해를 맡아달라고 했을 때에도, CBS TV〈크리스천 르네상스〉프로그램에서도 그랬습니다. 그런데〈성서학당〉에서는 다른 목사에게 양보하고 출애굽기를 가르쳤습니다. 그러다가 2009년의 시작과 더불어 대망의 창세기를 시작하게 되었습니다.

　하나님이 단 한 가지 소원을 들어주신다면 저는 한 순간의 망설임도 없이 말할 수 있습니다.
　"설득력을 주십시오."
　그 설득력으로 하나님의 말씀인 성경을 사랑하게 만들고 싶습니다. 사람들로 하여금 Bible Lover가 되게 만들고 싶습니다. 그래서 사람들이 하나님의 뜻에 따라 행복하게 의미 있게 살게 하고 싶습니다.

1

세상이 열리다

"태초에 하나님이 천지를 창조하시니라. 땅이 혼돈하고 공허하며 흑암이 깊음 위에 있고 하나님의 영은 수면 위에 운행하시니라"(창 1:1–2).

1강

성경 문지방을 넘어서기

지금 우리는 성경 앞에 있습니다.
가장 중요한 것은
"하나님은 왜 그리하셨는가?" 를
묻는 태도입니다.
바른 질문에서 바른 답을
얻을 수 있습니다.

The Story of
Heaven

시각장애인으로 살다가 시력을 회복한 남자가 있었습니다. 눈을 뜬 후 그가 가장 먼저 본 것은 자기 아내의 얼굴이었습니다. 그런데 그가 아내의 목소리도 듣지 않고, 아내를 만져보지도 않고, 순수한 시력으로만 아내를 다른 여자와 구별해낼 수 있었을까요? 시각장애인이었던 사람이 눈을 뜬 후 아내의 얼굴을 다른 사람과 구별해내는 데는 통상 넉 달의 훈련이 필요하다고 합니다. 보통 사람으로는 이해하기 어려운 일입니다.

시각장애인이 시력을 회복하면 어떻게 될까요? 어둠 속의 상상으로만 존재했던 세계에 대해 어떤 반응을 보일까요? 마리우스 폰 센덴Marius von Senden은 《공간과 시각 Space and Eyesight》이라는 책에서 시력을 회복한 시각장애인들이 경험한 놀라운 일들을 기록해

놓았습니다.

　그들이 가장 먼저 보인 반응은 엄청난 당혹감이라고 합니다. 충분히 짐작이 가는 반응입니다. 전혀 경험해보지 못한 빛의 세계에 첫발을 내딛는 순간인데 어찌 당혹스럽지 않겠습니까? 시각장애인이었다가 눈을 뜬 한 소녀에게 엄마의 크기가 얼마만 한가 묻자 두 뼘 정도 된다고 답하였습니다. 자기와 거리를 두고 있는 엄마의 크기가 그 정도로 보였기 때문입니다. 공간과 형태, 움직임에 대한 기본적인 개념이 없는 것입니다.

　그들은 높은 곳에 올라가 아래를 내려다보아도 얼마나 높은지 전혀 실감하지 못했습니다. 그래서 실제로 뛰어내려 죽은 사람도 있었습니다. 멀리 보이는 높은 산도 그저 손바닥 위에 올려놓을 정도의 작은 것으로, 태양도 동전 크기 정도로 생각하였습니다. 그들이 인식할 수 있는 높이는 그저 3m 정도라서, 높은 빌딩의 꼭대기조차도 작은 막대기로 얼마든지 닿을 수 있다고 인식하였습니다.

　'장님, 코끼리 만지기'라는 말이 있습니다. 시각장애인들은 촉감만 의지하여 인식하기 때문에 나온 말입니다. 시각이 회복되었다 할지라도, 훈련을 받지 않은 채 시각만 사용해서는 같은 크기의 사과와 오렌지와 배를 구별해내지 못합니다. 21일 동안 갈색 고양

이와 함께 생활했던 한 소녀는 정원에서 갈색 닭을 보자 흥분한 목소리로 "내 고양이!"라고 소리쳤습니다. 그래도 이 소녀는 색에 대해서는 알게 된 것입니다.

이들은 실제로 계단을 만나면 눈을 감아버리고 이전의 감각만을 의지하였습니다. 한마디로 말해서 사물을 총체적으로, 그 크기와 거리 색과 명암 등을 종합하여 이해하는 능력이 부족했다는 것입니다.

눈을 뜨고 난 다음 그들에겐 피나는 훈련이 필요했습니다. 상상을 초월하는 어려움이었습니다. 그동안 그들이 세상을 인식했던 통로가 폐쇄되고, 전혀 새로운 차원의 길에 들어서야 했기 때문입니다. 훈련 기간 가운데 혼란에 빠진 한 여성은 이렇게 절규했습니다. "이렇게 사느니, 차라리 예전으로 돌아가는 편이 더 행복하겠어요."

성경은 전혀 다른 차원의 세계를 보여주는 책입니다. 마치 시력을 회복한 사람에게 3차원의 세계를 보는 훈련이 필요하듯이, 성경을 읽는 데에도 다른 관점과 이에 따른 훈련이 반드시 필요합니다.

성경은 어떻게 보아야 할까요?

책상 위에 빨간 사과가 한 개 놓여 있습니다. 사람들이 그 사과에 대하여 설명합니다. 생물학자, 화학자, 시인, 화가, 농부, 상인의 이야기가 각각 다릅니다. 그들은 모두 나름대로 사실을 말하고 있습니다. 그런데 한 사람이 이렇게 말합니다. "하나님이 나를 사랑하셔서 내게 주신 선물." 그러자 사람들이 들고 일어납니다. "하나님이 어디 있어?" "선물이라니, 사과 하나를 생산하기 위해서 농부가 얼마나 수고해야 하는지 알아?" 그러나 그 사람 역시 사실을 말하고 있는 것입니다.

"사과. 첫 사랑의 달콤한 열매"라는 시인의 말을 이해하기 위해서는 그 시인의 인식 세계와 언어를 이해해야 합니다. DNA, RNA, Ca 과당 등으로 설명하는 화학자의 언어를 공부해야만 화학자가 말하는 사과를 이해할 수 있습니다. 또 그 설명을 알아들은 만큼 사과에 대한 이해가 깊어지고, 인식의 세계가 넓어집니다. 마찬가지로 '하나님이 내게 주신 사랑의 선물'이라는 설명을 이해하기 위해서도 그런 설명을 한 이의 인식 세계와 언어를 알아야 합니다.

그는 왜 그렇게 말했을까요?

서양 철학을 공부하는 사람들이 반드시 듣게 되는 것이 있습니다. 히브리적 사고와 헬라적 사고에 관한 것입니다. 간단히 설명하면 이렇습니다. 히브리적 사고는 통전적입니다. 전체를 묶어본다는 것입니다. 반면 헬라적 사고는 대단히 분석적입니다. 세세히 쪼개서 본다는 것입니다. 또한 히브리적 사고는 감성적입니다. 직관을 중시한다는 말입니다. 반면 헬라적 사고는 논리적이며 합리적입니다.

예를 들어보겠습니다. 여기, 사랑이라는 단어가 있습니다. 헬라인들은 '아가페*agape*', '에로스*eros*', '필레오*phileo*' 등으로 사랑을 세분화하여 설명합니다. 그 사랑의 대상이 누구냐에 따라 단어를 구분한 것입니다. 즉 하나님의 사랑, 남녀간의 사랑, 우정, 애국심 등을 서로 다른 단어로 표현함으로써 그 미묘한 차이들을 구분합니다.

반면 히브리인들은 사랑을 '야다*yadah*'라고 하는데, '사랑하다', '신뢰하다', '의지하다', 심지어는 '동침하다'라는 뜻의 단어도 모두 '야다'라는 말로 써버립니다. 누가복음에 "머리털까지도 세시는 하나님"이라는 표현이 있는데, 머리털을 센다는 것도 '야다'라고 합니다.

한 남자와 여자가 사랑을 합니다. 그래서 결혼합니다. 동침합니다. 머리털을 셉니다. 신뢰합니다. 믿습니다. 그래서 이 모두가

'야다' 입니다. 만약 결혼하여 같은 집에서 살면서 신뢰하지 못하고, 서로 의지하지 않고, 더더군다나 배우자가 아닌 다른 사람이 머리털을 세고 있다면 문제는 심각해집니다. 서로 '야다' 하는 것이 아닙니다. 그러고보면, 헬라적 사고나 히브리적 사고나 모두 사랑의 본질을 이해하고 그 지평을 넓히는 데 필요하다는 생각이 듭니다.

부족들끼리 쓰는 부족어를 제외하고는, 당시의 언어 중 가장 빈약한 어휘를 가진 언어는 히브리어였습니다. 히브리어는 단어가 2만 단어 정도뿐입니다. 반면 헬라어는 20만 단어 이상이나 되는 풍부한 어휘를 가진 발달된 언어였습니다.

누구나 빈약한 히브리어보다는 풍부한 어휘를 가진 세련된 헬라어를 선호할 것입니다. 그런데 이상하게도 성경은 어휘가 부족한 히브리어로 기록되어 있습니다.

기독교인들은 이에 대하여 하나님이 헬라어가 아닌 히브리어를 택하여 자신의 뜻을 세상에 전하셨다고 말합니다. 여기에는 대단히 중요한 하나님의 의도가 있다고 생각합니다. 이것부터 이해해야 합니다. 언어는 곧 사고이며 인식의 결과입니다. 성경은 히브리어로 기록되었고, 그러므로 히브리적 사고로 접근해야 비로소 제대로 알아들을 수 있습니다.

바다가 갈라집니다. 헬라인들은 이 기이한 현상을 분석합니다. 그리고 합리적이고 논리적인 설명을 시도합니다. 그러고는 결론을 내립니다. "바다란 갈라질 수 없다. 액체이기 때문이다. 일시적으로 그렇게 될 수는 있으나 홍해처럼 깊은 물이 그렇게 완전히 갈라져 벽을 이룬다는 것은 절대로 있을 수 없는 일이다. 그러므로 그 이야기는 조작된 허구다."

반면 히브리인들은 눈에 보이지 않는 것까지도 통전적으로 보려고 합니다. 왜 바다가 갈라졌을까요? 히브리인들은 이렇게 결론을 내립니다. "세상은 하나님이 만드셨다. 그분은 자신의 백성을 구원할 계획을 가지셨다. 그래서 바다를 가르셨다."

누구의 설명이 옳은 것입니까? 헬라인들의 설명이 옳은 것입니다. 히브리인들은 거짓말을 한 것입니다. 이것이 21세기를 사는 우리들의 판단입니다.

자, 그런데 여기에도 설명이 필요합니다. 헬라적 사고와 히브리적 사고를 놓고 보면, 헬라적 사고가 승리합니다. 이길 수밖에 없는 분석적이고 합리적인 논리를 가지고 있기 때문입니다. 이 헬라적 사고는, 알렉산더 대왕을 통하여, 또 로마를 통하여 전 세계로 확산되었고, 그 분석적이고 합리적인 태도로 인하여 더욱 발전되었습니다. 그 결과가 바로 오늘날의 눈부신 과학 발전입니다. 한마디로 말해서, 현대인들은 곧 헬라인들입니다.

그래서 이제는 사랑을 호르몬의 작용이라 하고, 사랑이 변하면 마음이 변해서가 아니라 호르몬의 분비가 멈춘 것이라는 결론에까지 도달하였습니다. 분석, 분석, 또 분석한 결과입니다. 그러므로 21세기를 사는 헬라인들인 우리 현대인들에게 히브리적 사고는 대단히 비논리적이고 황당하고 우습고 미신적인 것으로까지 보입니다.

현대인들의 불행은 신화를 잃어버린 데서 시작합니다. 현대인의 기준으로 볼 때, 신화는 불합리한 사건으로 가득 차 있습니다. 그래서 그들은 신화를 버렸습니다. 그런데 거기서 그치지 않고 그들은 그 신화에 담겨진 행복에 이르는 지혜 역시 함께 폐기 처분하고 말았습니다. 그 지혜를 찾기 위해서는 고대인들의 관점에서 그 신화를 해석해야 합니다. 이 태도가 무엇보다 성경을 읽는 데 가장 기본적인 태도입니다. 성경책은 신화와는 비교조차 할 수 없는 깊고 넓고 소중한 책입니다.

《공자가 죽어야 나라가 산다》, 《노자와 21세기》 등과 같은 책들이 있습니다. 공자나 노자와 같은 한 개인을 현대적으로 재해석하여 오늘의 이 불행과 난국을 타개하자는 것입니다. 공자와 노자는 훌륭한 성현들입니다. 그분들의 지혜를 얻겠다고, 그분들의 관점에서 그 책을 읽고 현대어로 재해석한 것입니다. 그런데 하나님은 공자와 노자에 비교될 수도 없는 분 아닙니까?

성경은 1500년에 걸쳐 40명의 사람들에 의해서 기록된 책입니다. 구약은 39권, 신약은 27권입니다. 이 40명의 성경 기자들의 직업은 너무도 다양합니다. 다윗이나 솔로몬 같은 왕에서부터 농부, 양치기, 어부에 이릅니다. 또한 그들은 서로 다른 시기에 살았고, 한 번도 만나보지 못한 경우가 대부분입니다. 그런데 성경은 놀라운 통일성을 가지고 있습니다.

그 풍성함의 측면에서 볼 때 어찌 한 인간 공자나 노자에 비할 수가 있겠습니까?

그러나 이 엄청난 책, 하나님의 말씀이라고까지 신봉되는 이 성경이 설득력을 상실했습니다. 거기에는 목사들과 기독교 지도자들의 책임이 가장 큽니다. 성경을 그저 복 받는 비결 모음집으로 사용한 것입니다. 성경을 부흥의 원리 책자로 잘못 사용한 것입니다. 그 결과, 성경은 오늘의 운세보다도 못한 책으로 전락해버렸습니다.

너무나 가슴 아픈 일입니다. 그러므로 일개 무명의 목사로서 저는 이 성경을 통하여 하나님이 말씀하기 원하시는 것이 무엇인지 드러내길 소원합니다. 그것이 질책이면 질책으로, 저 자신도 모르는 사악함을 드러내는 것이면 폐부를 찌르는 그 아픔을 감내하면서라도 그것을 그려내려고 합니다.

지금 우리는 성경 앞에 있습니다. 여러분께 한 가지 태도를 갖기를 권합니다. "하나님은 왜 그리하셨는가?"를 묻는 태도입니다. 바른 질문에서 바른 답을 얻을 수 있습니다. 헬라인들은 "어떻게?"를 묻습니다. 히브리인들은 "왜?"를 묻습니다. 헬라인들의 시각으로 성경을 본다면, 성경의 세계로 들어가는 문을 절대로 찾을 수 없습니다.

공자나 노자와 같은 사람들 이야기나 그리스 로마 신화도 "왜 이런 말을 했지?", "이런 이야기는 무엇을 담고 있는 걸까?"를 물으면서 접근합니다. 그래서 공자와 노자, 그리스 로마 신화에 담겨 있는 깊이와 넓이, 다양함으로 인류의 지평이 넓혀져왔습니다. 그 작업은 오늘날에도 계속되고 있습니다.

그런 애정이, 그런 긍정이 성경에서는 적용되지 않았습니다. 그래서 잃어버린 것도 많고, 찾지 못하고 미처 보지 못한 것도 많은 것 아닐까요?

성경에서는 '하나님은 사랑'이라는 말이 반복됩니다. 그러면서도 성경의 하나님은 사람들이 보기에 잔인한 일들을 행할 것을 명령하십니다. 그것을 보면서 사람들은 사랑의 하나님을 부정해버립니다. 이제 그런 판단들을 잠깐 유보하고, "사랑의 하나님이라는 분이 왜 그런 잔인한 명령을 하셨는가?"라는 질문을 들고, 그 명령을 하나님의 입장에서, 히브리인들의 입장에서 찾아보자는 것입니다.

'천기누설'이라는 말이 있습니다. 자신은 하늘의 뜻을 알았고 이것을 발설하면 안 된다는 것입니다. 특정한 사람만이 특별한 방법으로 그 천기, 하늘의 뜻, 하나님의 뜻을 알았고, 그래서 그 사람은 대단히 특별한 사람으로 사람들 위에 군림합니다. 그런데 하나님의 소원은 어떻게 해서든지 인간 모두가 하나님의 뜻을 아는 것입니다. 그래서 하나님이 만드셨다는 이 세상에서, 인간 모두가 각자 잘났든 못났든 행복하게 잘 살기를 원하십니다.

하나님의 아들이라는 예수님은 이런 말씀을 한 적이 있습니다. "내가 땅의 일을 말하여도 너희가 믿지 아니하거든 하물며 하늘 일을 말하면 어떻게 믿겠느냐"(요 3:12).

성경은 '하늘 일'에 관한 이야기입니다. 땅의 일은 땅의 지혜로 해결하지 못합니다. 하늘의 지혜로 해결할 수 있습니다. 그래서 예수님이 하나님의 아들을 자처하며 이 땅에 오셨습니다. 그리고 이런 말씀도 하셨습니다. "내가 온 것은 양으로 생명을 얻게 하고 더 풍성히 얻게 하려는 것이라"(요 10:10).

　이제 그 말씀에 귀를 기울여봅시다. 그래서 생명을 얻고 그 생명
이 더욱 풍성해지는 길을 한번 가보기로 합시다.

창세기 1:1 **2**강

하나님으로부터 온 편지

"태초에 하나님이 천지를 창조하시니라"
라는 말씀을 통하여
하나님이 우리에게 하시고 싶은 말씀은
'하나님의 절대 주권' 입니다.
하나님이 시작하십니다.

The Story of
Heaven

사랑하는 사람이 생겨서 그 사람에게 처음 편지를 쓰던 때를 회상해보십시오. 설레는 가슴으로 "첫 말을 어떻게 꺼낼까? 서두는 어떻게 시작할까?" 고심하면서 수많은 종이를 구겨버리고 온 밤을 지새운 기억이 있을 것입니다.

하나님도 아마 '나의 사랑하는 사람들에게 내 뜻을 전해야 할 텐데 무슨 말로 시작할까?' 하고 깊이 생각하셨을 것입니다. 그러고는 이윽고 말문을 여셨습니다.

"태초에 하나님이 천지를 창조하시니라"(창 1:1).

만물은 쇠퇴합니다. 시간이 지나면서 모든 것이 낡아집니다. 그래서 덧없이 흘러가는 시간을 잡아서 분해하여 그 시간의 속성을 파악해내고, 새로운 천 년, 새로운 세기, 또 새 해와 새 달을 만들고 새 주일을 만들어냅니다. 새로움에 대한 갈망입니다. 새로운 기대를 가지고 쇠퇴하는 것을 조금이라도 막아보고 새롭게 출발하려는 몸부림이기도 합니다. 하지만 가는 세월은 어떻게 할 수가 없습니다.

어떻게 하면 새로워질 수 있을까요? 하나님의 시작은, 인간의 인위적인 분류에 의한 시작과는 전혀 다른 차원의 시작입니다.

"태초에 하나님이 천지를 창조하시니라."

이 말씀이 만물의 출발점입니다. 먼저 우리가 보아야 하는 것은, 하나님은 창조주의 모습으로 다가오신다는 점입니다. 성경에는 수많은 하나님의 모습이 그려져 있습니다. 전지전능하신 하나님, 무소부재하신 하나님, 사랑의 하나님, 공평하신 하나님, 치료하시는 하나님, 질투하시는 하나님, 공의로우신 하나님, 심판하시는 하나님 등의 모습입니다. 또, 이사야서에서는 고난받는 종으로서의 하나님이 그려져 있습니다. 신앙 생활은, 다양한 하나님의 이름을 배워 가는 것이고, 그것을 통하여 하나님과 관계를 맺고, 그 관계를 심화하는 것입니다.

창조주 하나님. 하나님이 창조주시라는 것은, 온 우주 만물이 그분이 만드신 것이며, 그분의 것이며, 우리 또한 그분의 손 안에 있음을 알려줍니다. 저는 창조주 하나님이 바다와 비슷하다고 생각합니다. 물론 창조주 하나님을 피조물인 바다와 비교할 수는 없지만 이 비유는 많은 것을 가르쳐줍니다. 바다의 수평선은 가도 가도 간 만큼 물러섭니다. 도저히 다가갈 수도 없고 따라잡을 수도 없습니다. 그래서 너무 멀리 있는 것 같습니다. 하지만 물살을 가르는 뱃전에서 물결이 부서지고 파도가 튀어 올라, 내 얼굴을 간지럽히고 몸을 적십니다.

하나님도 그와 같습니다. 창조주 하나님은 우리와는 전혀 다른 차원의 존재이며 모든 차원을 초월해 계신 분입니다. 우리가 도저히 다 알 수 없고 다가갈 수도 없으며 따라잡을 수도 없습니다. 그런데 그런 하나님이 삼라만상을 통하여, 심지어 숨 쉬는 공기를 통해서도 우리와 가장 가까이 접촉하십니다.

다이앤 오델이라는 여성은 세 살 때 소아마비를 앓았습니다. 이로 인해 폐 기능도 약해져, 인공 폐로 살아야 했습니다. 그런데 인공 폐의 크기가, 길이는 2m, 무게는 340kg나 되었습니다. 도저히 가지고 다닐 수 없는 폐였습니다. 그래서 그녀는 원통형 강철 폐 안에서 누워 살아야 했습니다. 얼굴만 원통 밖으로 내놓을 수 있기 때문에 가족들과 손 한번 따뜻하게 만지는 일도 쉽지 않았습니다. 하지만 그녀는 포기할 줄 모르는 불굴의 의지로 자신의 인생을 가

뛰나갔습니다. 가정 학습을 통해 잭슨빌 고등학교를 졸업하고 프리드 하드만 대학교에서 심리학 명예박사 학위도 받았습니다. 그러다가 그만 정전이 되어 강철 폐가 기능하지 않는 바람에 사망하고 말았습니다.

작고 효율적인 폐를 가진 우리와 거대한 인공 폐 안에서 살면서도 줄기차게 인생을 개척했던 다이앤과 한번 비교해보십시오. 나는 뭐하고 있는 것일까요? 가끔은 숨을 쉴 때마다 창조주 하나님에 대하여 생각해보기 바랍니다. 세상 살기가 훨씬 나아질 것입니다.

"태초에 하나님이 천지를 창조하시니라."

여기서 '태초太初'란, 아무도 존재하지 않고 또 아무것도 있지 않은, 오직 창조주 하나님만 계셨던 때를 말합니다. 시간 역시 하나님이 만드셨다는 뜻입니다. 그러므로 '시간'이라는 것은 우연히 만들어진 것이거나 단순히 흘러가는 것이 아니라, 하나님의 섭리와 명백한 의도와 뜻에 따라 진행하는 것임을 알려줍니다.

이는 하나님이 창조하셨기 때문입니다. 하나님은 시간을 만드셔서 사람들에게 선물로 주셨습니다. 각 사람에게 할당된 시간의 양은 각기 다릅니다. 누구는 오래 살고 누구는 짧게 살다 갑니다. 이에 대하여 사람들은 "과연 하나님은 공평하신가, 과연 하나님은 전지전능하신가?"와 같은 이의를 제기합니다.

김보미라는 네 살 된 어린아이가 갑자기 의식을 잃고 입원했습니다. 아이는 곧 뇌사상태에 빠졌고 다시는 깨어나지 못했습니다. 보미의 부모님은 시간의 주인이 하나님이시며, 그 시간을 할당하신 분도 하나님임을 잘 알고 있었습니다. 그래서 보미의 시신을 병원에 기증하고 보미의 축출된 장기로 여러 사람들에게 새 생명을 주었습니다. 아쉽지만 보미 엄마는 보미를 통하여 얻었던 짧지만 행복했던 시간에 대해서 하나님께 감사했습니다. 시간의 주인은 하나님이심을 알고 있는 사람의 자세입니다. 태초에 하나님만이 존재하셨음을 믿는 것은 이렇듯 큰 힘과 용기를 갖게 하며 당당하게 해줍니다.

어느 여름, 휴가철을 앞두고 한 부인이 걱정스런 얼굴로 저를 찾아왔습니다. 그 부인의 이야기는 이런 것이었습니다. 원래 독실한 불교 신자였던 그 부인은 전도를 받고 기독교로 개종을 하였습니다. 그런데 휴가철이 되어 여행을 해야겠는데 굉장히 불안하다는 것입니다. 종교를 바꾸고 섬기던 신을 바꾸면 과거에 섬기던 신이 보복을 한다는 믿음이 옛날부터 내려왔기 때문입니다. 그래서 그 부인은 과거에 믿던 부처님으로부터 해를 당할 것을 너무나 불안해했습니다. 그래서 자동차에 염주를 매달고 가야 할지 십자가를 매달고 가야 할지를 묻는 것이었습니다. 저는 그 질문에 실소를 금할 수 없었습니다. '아니 저런 어리석은 질문을 하다니!' 그러나 그 부인의 얼굴은 너무도 심각했습니다. 그래서 마음을 가다듬고 바로 창세기 1장 1절 말씀을 차근차근 가르쳐드렸습니다.

"태초에 하나님이 천지를 창조하셨습니다. 태초에는 오직 하나님만이 존재하셨습니다. 그리고 그 하나님, 우리 하나님이 천지를 창조하셨으므로, 모든 만물은 물론 다른 신들까지도 그분의 발 아래 종속되어 있습니다. 이제 걱정하지 마시고 오직 하나님을 믿는 마음으로 떠나십시오. 그분이 당신을 지켜주실 것입니다."

이 말을 듣고는 부인의 얼굴은 밝아졌습니다.

'태초'라는 말과 더불어 기억해야 할 단어가 '창조'라는 단어입니다.

기독교인들은 '무에서 유를 창조하신 하나님'이라고 말합니다. 그런데 성경 어디를 봐도 "무에서 유를 창조하셨다 *creatio ex nihilo*"라는 구절이 없습니다. "무에서 유를 창조하셨다"는 개념은 이 '창조'라는 단어에서 왔습니다. 성경에는 창조를 의미하는 단어가 여럿 있는데 그중 기억해야 할 두 개의 단어가 있습니다. '바라 *bara*'라는 단어와 '야차르 *yatsar*'라는 단어입니다.

'바라'는 '무에서 유를 창조하다'라는 뜻으로 오직 하나님과 관련하여서 사용합니다. 하나님만이 무에서 유를 창조하실 수 있기 때문입니다. 반면에 '야차르'는 어떤 재료로 무엇인가를 만드는 것을 말합니다. "흙으로 사람을 지으사"(창 2:7)라고 할 때는 '야차르'입니다. 사람이 아무리 위대하고 뛰어나다 할지라도 사람은 하나님이 만드신 재료를 사용하여 재창조하는 데 불과합니다.

"태초에 하나님이 천지를 창조하시니라"는 말씀을 통하여 하나님이 우리에게 하시고 싶은 말씀은 '하나님의 절대 주권'입니다. 하나님이 시작하십니다. 창조주 하나님을 아무도 이길 수 없고, 하나님의 하시는 일을 아무도 막을 수 없습니다. 그러므로 우리는 창조주 하나님 앞에서 겸손해야 합니다.

사울 왕은 군대 3천을 풀어서 다윗을 쫓습니다. 사울은 왕이었으나 다윗을 시기 질투하여 그렇게 한 것입니다. 그러나 절대 절명의 위기 가운데서도 다윗은 추호의 흔들림이 없었습니다. 오히려 절호의 기회에서 사울 왕을 두 번이나 살려주었습니다. 이런 크고 넉넉한 마음은 어디서 온 것일까요? 바로 하나님의 절대적인 주권을 믿는 믿음에서 나온 것입니다.

실패가 두렵습니까? 실패에서 도저히 헤어 나오지 못할 것 같습니까? 무에서 유를 창조하신 하나님이라는데, 그 하나님 안에 실패를 극복할 지혜와 묘책이 있지 않을까요?

죽음이 두렵습니까? 죽음 너머의 세계까지도 주관하고 계시는 하나님이라는데, 하나님의 절대적인 주권을 언제 어디서나 인정한다면 죽음의 문제 역시 해결되지 않을까요?

3강 | 창세기 1 : 2

이 일을 어째. 다 죽게 됐네

성경은 비록 신화적인 언어로 기록되었지만
삶의 시작과 끝에 대하여
가르쳐주고 있습니다.
그리고 그 삶의 여정에 하나님이
동행하시겠다고 약속하십니다.

The Story of
Heaven

중국의 한 명의는 사람의 맥만 짚어보고도 그 사람의 병, 심지어는 암까지도 진단해낼 수 있다고 합니다. 엄청나게 발달된 현대 의학도 암을 찾아내려면 CT 촬영이다 MRI다 혈액 검사다 해서 최신 기계를 동원합니다. 그래도 오진율이 높습니다. 그런데 그 명의는 맥만 한번 짚어보고 환자의 병을 간단하고 명확하게 끄집어냅니다. 하나님은 그 중국 명의를 만드신 분입니다. 천하만물도 만드셨습니다. 만물과 인간의 본질을 꿰뚫고 계십니다. 그 하나님이 이렇게 말씀하십니다.

"땅이 혼돈하며 공허하며 흑암이 깊음 위에 있고." 이것은 하나님의 진단입니다. 혼돈과 공허와 흑암은 하나님이 개입하시지 않은 세계의 전형적인 모습입니다.

하나님이 없는 세계는 '혼돈'입니다.

제가 미국에서 목회할 때의 일입니다. 젊은 유학생 부부가 있었습니다. 공부하느라 힘겨운 삶을 살아가고 있는 데다 싸움이 그칠 날이 없습니다. 싸움의 직접적인 원인은 아내가 설거지를 하면서 그릇을 자꾸 깬다는 것입니다. 남편은 그것 때문에 잔소리를 하고 그 잔소리 때문에 아내는 주눅이 들어 더 많은 그릇을 깨는 악순환이 반복됩니다. 그래서 저는 두 사람을 불러 이렇게 물었습니다. "1년에 깨는 그릇의 값이 얼마나 됩니까? 한 100달러 됩니까? 제가 그 돈을 드릴 테니까 이제 제발 그릇으로 인한 싸움은 그만두십시오. 부부 관계는 그릇보다, 돈보다 훨씬 중요한 것입니다."

이것은 지극히 작은 예에 불과합니다. 본질이 아닌 것이 본질을 삼키고, 핵심이 아닌 것이 핵심을 무너뜨리는 경우를 도처에서 찾아볼 수 있습니다. 젊은이들은 여자를 대고 말합니다. "과거는 용서해도 뚱뚱한 것은 용서할 수 없다." 속이야 어떻든 겉만 예쁘면 된다는 것입니다. 겉모습이 속모양을 밀어낸 지 이미 오랩니다. 무엇이 더 중요한지 모르는 것이 혼돈의 원인입니다.

하나님이 없는 세계는 '공허'합니다.

부자 아버지가 제 친구인 아들을 불러 노트를 한 권 주고는 명령을 내립니다. "여기에 적혀 있는 것을 커다란 돌에 새겨라." 노트에 적혀 있는 것은 시들이었습니다. 장사하여 큰돈을 번 아버지가 그동안 틈틈이 쓴 시들입니다. 대학 공부를 한 아들이 보기에는 정말로 형편없는 시들이었습니다. '이 일을 어쩌나?' 그러나 아버지의 명령을 거역할 수가 없습니다. 부자 아버지는 병들었고, 지금 다섯 형제들이 재산 분배를 놓고 눈을 부릅뜨고 암투를 벌이고 있는 중이기 때문입니다. 이런 부탁을 하시는 아버지에게 잘 보여야 하긴 하지만, 이런 시들을 돌에 새기는 행위가 한심해보여서 아들은 답답합니다. 그 아버지는 자수성가하여 부자가 되었지만 남은 것은 오직 '공허'였습니다. 그래서 자신의 흔적이라도 돌에 새겨 남기기를 원하는 것입니다.

하나님이 없는 세계의 세 번째 특징은 '흑암'입니다.

미래가 불투명하고 불안합니다. 앞날이 어떻게 될지 두렵습니다. 인간이 이룩한 것으로 미래를 예측해보려고 하지만, 오히려 그로 인해 미래는 더 깊은 흑암에 잠겨버렸습니다. '의미요법The Logo Therapy' 창시자인 빅터 프랭클 박사는 이런 현상을 '실존적 공허'라고 불렀습니다. 실존적 공허의 특징은 권태와 불안 사이를 시계추처럼 왔다 갔다 하는 것입니다. 일이 순조롭게 진행되면 곧 권태를 느낍니다. 반대로 일이 조금만 어려워지면 곧 불안해집니다.

사람들은 실존적 공허에서 벗어나려고 몸부림을 칩니다. 질서와 충만과 광명을 찾아 온 땅을 헤맵니다.

그 첫 번째 시도는 종교입니다.

모든 시대와 인종과 문화를 망라하여 종교가 있어왔고 사람들은 각종 신을 섬겨왔습니다. 인류 최초의 신은 태양신이라고 할 수 있습니다. 현대인들은 태양신을 섬기는 고대인들을 비웃습니다. "태양은 알고 보면 수소덩어리에 불과하고 그것이 폭발하여 에너지를 내는 거야. 그걸 모르니까 그 사람들이 어리석게 태양을 신으로 숭배하지." 그런데 과연 현대인들은 고대인들을 비웃을 자격이 있을까요? 현대인들은 과연 태양신을 섬기지 않을까요?

예로부터 사람들은 땅을 소유하기를 갈망했습니다. 좁은 국토를 가진 우리나라 사람들의 땅에 대한 집착은 가히 종교적입니다. 왜 그토록 땅에 집착하는 것일까요? 땅은 태양 에너지를 받아서 곡물을 생산하는 터전이었습니다. 이 땅을 많이 차지하기 위해서 힘을 키웠습니다. 그리고 그 힘을 통제하고 확장하고 관리하기 위하여 권력을 창출하였고 이런 것들을 모두 소유한 존재를 왕이라, 황제라 불렀습니다. 인류사에 있었던 수많은 전쟁은 바로 땅 싸움이었고, 이 땅 싸움은 알고 보면 태양을 누가 더 많이 차지하느냐의 투쟁이라고 할 수 있습니다. 그래서 잘나간다 싶은 왕이나 황제들은 모두 '태양의 아들'로 자처했습니다.

현대도 마찬가지입니다. 높은 자리, 많은 부와 재산을 좇아 목숨 걸고 싸우는 것도 태양을 많이 소유하기 위한 시도입니다. 태양신은 '번영의 신'의 다른 이름입니다. 성경에 자주 등장하는 바알신도 번영의 신입니다. 혼돈과 공허, 흑암의 병에서 벗어나기 위해 각기 다른 이름을 가진 번영의 신을 섬깁니다. 일본은 아예 국기에 태양을 그려 넣을 정도입니다.

"잘 살아보세"라는 노래를 아실 것입니다. 이 노래는 삼천리 방방곡곡에 메아리쳤었습니다. 실상 이 노래는 번영의 신을 향한 찬송가이며, 이 노래를 열심히 부른 결과 그 전보다 훨씬 더 많은 번영을 누리게 되었습니다. 그런데 이상하게도 혼돈과 공허와 흑암은 더욱더 깊어져 이제는 치유 불능의 상태에 이르렀습니다.

왜 이렇게 된 것일까요? 잘못된 진단과 잘못된 처방 때문입니다.

성경는, 태양은 하나님의 피조물 중의 하나에 불과하다고 말합니다. "하나님이 두 큰 광명체를 만드사 큰 광명체로 낮을 주관하게 하시고 작은 광명체로 밤을 주관하게 하시며 또 별들을 만드시고"(창 1:16).

분명 태양이나 달은 인간보다도 훨씬 거대한 존재이지만 하나님의 피조물에 불과합니다. 하나님은 가장 사랑하는 대상인 인간을 위하여 태양을 만드셨습니다. 인간이 태양을 섬기도록 창조된 것이 아니라 태양이 인간을 도와주도록 창조된 것입니다. 태양과 달은 사람을 위한 하나님의 선물입니다.

우상 숭배라는 것은, 단순히 괴상하게 생긴 바위나 나무에 가서 절을 하는 것이나 부처상이나 단군상을 숭배하는 것이 아닙니다. 피조물을 하나님으로 섬기는 것이 바로 우상 숭배입니다. 우상을 섬길 때 부분적으로는 문제가 해결되는 것 같습니다. 그러나 점차 우상에 의해 휘둘리기 시작합니다. 그러므로 혼돈과 공허와 흑암은 더욱 깊어질 수밖에 없습니다.

"하나님의 영은 수면 위에 운행하시니라"(창 1:2).
하나님의 신이란 성령을 말합니다. 성령으로 하나님이 혼돈과 공허와 흑암의 세상과 인간의 삶에 개입하려 하십니다.

"실존적 공허는 오직 참의미를 찾을 때만 해결됩니다." 빅터 프랭클 박사의 말입니다. 참의미란 무엇일까요? 참의미란 바로 절대자 하나님 자체입니다.

필립 얀시의 책《내 눈이 주의 영광을 보네》에 수록된 이야기입니다. 넬슨 만델라가 27년 동안의 수감 생활을 마치고 대통령으로 당선된 후, "진리와 화해 위원회"를 조직했습니다. 이 위원회의 규칙은 간단했습니다. 백인 경찰이나 군인들이 자발적으로 고소자들 앞에 서서 범행을 털어놓고 자신들의 잘못을 완전히 인정하면 그 범죄로 인한 재판이나 처벌을 받지 않는다는 것입니다. 반대가 엄청났지만 결국 그렇게 하기로 하였습니다.

반 드 브렉이라는 백인 경찰관은 청문회에서 자신이 저지른 이야기를 털어놓았습니다. 18세의 흑인 소년을 총으로 살해하고 증거 인멸을 위하여 그 시신을 불태웠습니다. 8년 후, 다시 소년의 아버지를 체포하고 장작더미 위에 묶어놓고 화형에 처했습니다. 더 끔찍한 일은 그 아내로 하여금 이 모든 과정을 지켜보게 했다는 것입니다.

그 부인에게 판사가 물었습니다. "반 드 브렉 씨에게 무엇을 원합니까?" 그녀는 남편의 장례를 치를 수 있도록 그가 남편을 태운 장소에서 그 재를 모아줬으면 한다고 대답했습니다. 그는 머리를 숙인 채 고개를 끄덕였습니다. 그 다음 그녀는 한 가지 요구를 추가했습니다. "반 드 브렉 씨는 제 가족을 모두 데려갔습니다. 그러나 저에겐 아직도 그에게 줄 사랑이 남아 있습니다. 한 달에 두 번, 나는 그가 우리 집에 와서 하루 동안 시간을 보냈으면 합니다. 제가 엄마 노릇을 할 수 있도록 말이죠. 그리고 나는 반 드 브렉 씨가

하나님의 용서를 받았다는 것과 나도 그를 용서한다는 사실을 알
았으면 합니다. 나는 내가 정말 용서했다는 걸 그가 알 수 있도록
그를 안아주고 싶습니다."

노부인이 증인석에서 걸어가는 동안 누군가가 찬송가 "나 같은
죄인 살리신"을 부르기 시작했습니다. 그러나 반 드 브렉 씨는 그
찬송 소리를 듣지 못했습니다. 그는 그 상황을 감당하지 못하고 기
절해버렸기 때문입니다.

하나님의 또 다른 이름은 '만물을 충만케 하시는 하나님'입니
다. 그 하나님을 만나면 혼돈과 공허와 흑암은 조용히 꼬리를 내리
고 물러납니다.

당신 앞에 두 개의 동굴이 있습니다. 한 동굴 입구에는 앞을 밝
힐 수 있는 장비와 기구 들이 충분히 넉넉하게 준비되어 있습니다.
그런데 출구를 알 수 없는 동굴입니다. 반면 다른 동굴 입구에는
달랑 손전등 한 개만 준비되어 있습니다. 그런데 출구가 멀지만 희
미하게나마 보입니다. 어느 동굴을 택하시겠습니까?

세상살이는 출구가 어디인지 알 수 없는 캄캄한 동굴을 지나가
는 것으로 비유될 수 있습니다. 사람들은 좀 더 멀리 밝게 비출 수
있는 큰 등불을 준비하기 위해서 동분서주합니다. 높은 자리, 장래

가 보장되는 직장, 많은 돈과 권력. 이 모든 것은 캄캄한 동굴에서 남보다 더 멀리, 더 넓게 밝히는 등불을 준비하는 작업입니다. 그런데 문제는 출구가 보이지 않는다는 점입니다. 어쩌면 내가 이 동굴에서 출구와 영 반대되는 곳으로 가고 있는지 모른다는 불안감이 갑자기 엄습해옵니다.

하나님을 안다는 것은 그 처음과 마지막을 안다는 것입니다. 성경은 비록 신화적인 언어로 기록되었지만 그 삶의 시작과 끝에 대하여 가르쳐주고 있습니다. 그리고 그 삶의 여정에 하나님이 동행하시겠다고 약속하십니다.

자, 겁먹지 말고 하나님과 함께 신나는 여정을 시작해봅시다.

이 약을 먹고 기운을 차려라

무병장수·부귀영화가 종교의 목표라면
굳이 예수님이 이 땅에 오지않으셔도 되었고,
저주스러운 십자가 처형을 당하실
필요도 없었습니다.
다른 이유가 있기 때문입니다.

The Story of
Heaven

매일매일 신문을 읽습니다. 바쁜 사람들은 큰 글씨, 큰 제목만 읽습니다. 그러면 대충 무슨 사건이 있는지 알게 됩니다. 자세한 내용은 작은 글씨를 읽어보면 됩니다. 히브리어도 비슷한 구조로 글을 씁니다.

창세기는 "태초에 하나님이 천지를 창조하시니라"로 시작하는데, 바로 이 구절이 신문의 큰 제목과 같은 것입니다. 이러한 히브리 문법은 대단히 중요합니다. 어떤 사람들은 "창세기 1장 1절과 2절 사이에 긴 시간이 있었고, 그 사이에 천사와 사탄이 만들어졌다"고들 이야기하는데, 이는 히브리 문법을 알지 못하고 하는 말입니다. 그렇게 1절과 2절 사이에 많은 이야기들을 삽입시키고 자신의 논리를 정당화해서 많은 이단들을 만들어내는 것입니다.

신문에서 제목은 큰 글씨로 되어 있는데, 성경에서는 그렇지 않습니다. 같은 크기의 글씨여서 구별이 쉽지 않은 것이 문제입니다.

2절 말씀 "땅이 혼돈하고 공허하며 흑암이 깊음 위에 있고…" 이하의 구절이 바로 신문의 작은 글씨에 해당하는 부분이라고 할 수 있습니다. 어떻게 하나님이 천지를 창조하셨는가 그 과정을 보여주는 첫 문장이라고 할 수 있습니다.

"하나님이 이르시되 빛이 있으라 하시니"(창 1:3).

"하나님이 이르시되"는 하나님이 말씀하셨다는 것입니다. '백문이 불여일견'이라는 말이 있습니다. 백 번 듣는 것보다 한 번 보는 게 낫다는 말입니다. 말보다 눈이 더 정확하다는 것입니다. 그런데 하나님은 인간들이 불신하는 '말'을 더 중요하게 여기십니다.

하나님은 '말씀으로' 혼돈과 공허와 흑암으로 가득한 인생에 개입하십니다. '말씀으로' 천지를 창조하셨고 '말씀으로' 우리의 삶에 개입하십니다.

．

세상의 여러 종교들은 '귀의 종교'와 '눈의 종교'로 대별할 수 있습니다. 기독교는 귀의 종교, 말씀의 종교입니다. 대표적인 눈의 종교는 불교입니다. 불교는 마음으로도 '보려고' 노력합니다.

왜 하나님은 우리의 귀에 말씀으로 다가오실까요? 그것은 눈에 현혹되지 않게 하기 위해서입니다. 인간의 눈이라는 것은 태어날 때부터 타락하여 오염된 것입니다. 그러므로 눈에 비친 겉으로 드러난 세상에 쉬 현혹되어버립니다.

참선을 합니다. 마음으로 세상을 보기 위해서입니다. 그러나 그들이 보려고 하는 마음도 이미 더러워져 있습니다. 그래서 수많은 참선을 하고도, 이상하게 생긴 나무나 바위에 절을 합니다. 무언가 이상하다 싶으면 신비한 것으로 여겨 숭배의 대상으로 만듭니다. 기독교에도 이러한 현상이 점점 두드러지고 있습니다.

몇 년 전인가요. 차고 바닥에 예수님의 형상이 나타났다고 소동이 일어난 적이 있었습니다. 자동차에서 떨어진 기름 자국이 우연히 만들어낸 것인데 사람들이 몰려들었습니다. 이런 일들은 계속해서 일어날 것입니다.

교회 건물을 웅장하고 화려하게 지으려고 합니다. 기독교 지도자들이 의상이나 칭호로 자신을 굉장한 존재로 보이게 장식합니다. 가장 경계해야 하는 일입니다. 이 모두가 눈이 타락하였기 때문입니다.

기독교의 개혁은 눈에서 귀로 돌아오는 것입니다. 타락한 눈은 끊임없이 좀 더 희한한 것, 좀 더 굉장한 것을 요구합니다. 그래서 예수님께 수많은 사람들이 이적과 기사를 보여달라고 요구한 것입니다. 예수님은 거절하셨습니다. 비록 희한한 이적과 기사를 본다 할지라도 그들은 예수님을 믿지 않을 것이기 때문입니다.

무엇보다도 눈에 의한 현혹을 방지하고 진정한 구원의 세계로 인도하기 위하여, 모든 가짜 빛을 걷어내고 참빛을 볼 수 있도록 하나님은 말씀으로 우리의 삶에 개입하십니다. 그러므로 하나님의 말씀에 귀를 기울여야 합니다. 그리하면 하나님의 구원의 손길을 비로소 볼 수 있을 것입니다.

두 번째 하나님의 개입 방법은 '빛'입니다.

하나님의 말씀으로 가장 먼저 지으신 것이 바로 빛입니다. 그런데 이 빛은 태양 빛과는 전혀 다른 차원의 빛입니다. 이 빛은 눈으로 볼 수 없습니다.

"태초에 말씀이 계시니라. 이 말씀이 하나님과 함께 계셨으니 이 말씀은 곧 하나님이시니라. 그가 태초에 하나님과 함께 계셨고 만물이 그로 말미암아 지은 바 되었으니 지은 것이 하나도 그가 없이는 된 것이 없느니라. 그 안에 생명이 있었으니 이 생명은 사람들의 빛이라"(요 1:1-4).

말씀은 곧 하나님이요, 하나님은 곧 말씀이라는 것입니다. 하나님은 그 말씀으로 만물을 창조하셨으며, 그 말씀은 생명, 곧 빛이며 이는 곧 우리 주 예수 그리스도입니다. 말씀 가운데 살아계신 하나님, 육신을 입고 이 땅에 오신 예수 그리스도인 성자 하나님. 그는 곧 빛이고 그로 말미암아 참생명을 얻게 된다는 것입니다.

이 모든 것의 시작이 바로 하나님의 말씀인 성경을 읽는 일에서 시작됩니다. 성경을 하나님의 말씀으로 읽고 받아들일 때, 눈으로는 볼 수 없는 하나님의 빛이 내 안에 들어옵니다. 그 빛은 곧 생명입니다. 이 생명은 눈으로 보이는 육신을 말하는 것이 아니라, 총체적인 생명을 말합니다.

신앙 생활에서 가장 놀라운 표현은 우리의 몸이 성령께서 거하시는 전이라는 말입니다. 온 우주 만물을 지으시고 그 배후에 계신 그 크신 하나님이 작고 추하고 어리석은 우리네 몸을 전으로 삼아 거하신다는 것입니다. 세상에서는 큰 것이 작은 것 안에 절대로 들어갈 수 없습니다. 큰 물건을 작은 가방에 넣을 수 없습니다. 그러나 하나님은 하실 수 있습니다. 이것이 기독교 신앙의 가장 귀한 신비입니다.

말씀으로 빛을 만드신 하나님이 다음으로 하신 일은 빛과 어두움을 나누는 일이었습니다. "하나님이 빛과 어두움을 나누사." 여기서 '나누다'라는 말은 단순한 행위가 아닙니다. 교회에서 가장 많이 사용하는 단어가 무엇입니까? '거룩하다'는 말입니다. "내가 거룩하니 너희도 거룩하라." 예수님이 하신 말씀입니다. 그런데 '거룩하다'는 것이 무엇입니까? 바로 이 거룩의 가장 기본적인 뜻은 '나누다, 구별하다'라는 것입니다.

어둠에서 빛을 구별하여 빛을 거룩하게 하셨습니다.

악에서 선을 구별하여 선을 거룩하게 하셨습니다.

약함에서 강함을 구별하여 강함을 거룩하게 하셨습니다.

병든 것에서 건강함을 구별하여 건강함을 거룩하게 하셨습니다.

가짜에서 진짜를 구별하여 진짜를 거룩하게 하셨습니다.

요즘 기독교는 만신창이가 되었습니다. 사회에 대한 지도력과 설득력을 상실했고, 공격과 비판에 대하여 제대로 항변하지도 못하고 있습니다. 구별되지 못했기 때문입니다. 그저 부귀영화·무병장수·만사형통만을 바라는 이기적인 집단으로 변질되었기 때문입니다.

무병장수·부귀영화가 종교의 목표라면 굳이 예수님이 이 땅에 오지 않으셔도 되었고, 저주스러운 십자가 처형을 당하실 필요도 없었습니다. 사람이 사는 곳이면 어디나 그런 종교가 생겼고, 무당들이 그 일을 가장 잘 수행하였는데, 심지어 기독교조차 그 일에 앞장서고 있습니다. 그런데 하나님의 아들이 누추한 인간의 몸을 입고 이 땅에 오셨습니다. 그리고 죽은 사람도 살리는 신적 능력을 제대로 발휘하지 않고 수많은 죽어가는 사람들을 그대로 방치한 채, 고난을 당하셨습니다. 다른 이유가 있기 때문입니다. 오직 말씀, 말씀에 내재된 하나님의 창조력을 회복하기 위해서입니다.

성경은 우리를 몸으로, 그리스도를 몸의 머리로 비유합니다. 몸의 세포들은 100조 개에 이르는데, 모두 어느 것 하나 예외 없이 뇌와 연결되어 있고 세포 하나 하나가 뇌와 소통하고 있습니다. 뇌의 통제만 받는 것이 아닙니다. 세포의 필요를 뇌에게 알리고, 이에 뇌는 총체적으로 다른 세포와의 조화를 이루도록 관리합니다.

하나님의 말씀에 귀를 기울여야 합니다. 다시 하나님과 소통해야 합니다. 수많은 언어들 가운데 하나님의 뜻을 구별해내는 데에도 많은 훈련이 필요합니다. 그러나 제대로 살기 위해서는 그 훈련을 기꺼이 감수해야 합니다. 하지만 말씀을 듣는 것은 가장 손쉽고 무엇보다 돈이 들지 않는 행위입니다.

"너희 모든 목마른 자들아 물로 나아오라. 돈 없는 자도 오라. 너희는 와서 사 먹되 돈 없이, 값 없이 와서 포도주와 젖을 사라"(사 55:1).

목이 말라 아우성치는 사람들, 돈이 없어도 오라는 것입니다. 그런데 돈을 지불하지 않더라도 '사는 행위'는 반드시 필요합니다. 그 행위만 하더라도 포도주와 젖을 공짜로 얻을 수 있다는 말입니다. 하나님의 말씀은 기쁨을 주는 포도주와 영과 육을 통통하게 살찌우는 젖이 솟아나는 샘입니다.

하나님의 말씀은 생명수입니다. 먹어도 해가 없습니다. 한 모금 꿀꺽 마셔봅시다. 반드시 소생합니다.

5강

밝고 따뜻하게, 새롭게

"세상의 빛이라."
빛은 어두운 것을 밝게 하며
춥고 습한 것을 따뜻하게 합니다.
"세상의 소금이라."
소금은 방부제가 없던 시절,
사물을 썩지 않게 만드는 것이었습니다.
새롭게 함을 상징합니다.
바로 이것이 거룩해지는 것입니다.

The Story of
Heaven

"거룩이란 말을 들으면 가장 먼저 떠오르는 생각은 무엇입니까?"라고 질문하면, 대부분 경건함, 장중함, 조용함, 무거움, 차분함, 어두움, 함부로 해서는 안 되는 것 등의 느낌이 든다고 대답합니다. 과연 '거룩'은 그처럼 어둡고 무거운 의미를 가진 것일까요?

히브리어로 거룩을 '카도쉬 qadosh'라고 하는데, 이 단어는 중요한 네 가지 의미를 담고 있습니다.

'카도쉬'라는 단어의 가장 기본적인 뜻은 '구별하다'입니다.

'거룩한 백성'이란 '구별된 백성'이라는 뜻입니다. 하나님이 이스라엘 백성을 광야로 불러내셨습니다. 애굽에 사는 사람들과 구별하기 위해서입니다. 세상에서는 지위가 높은가 낮은가로 사람들을 구분하고 있지만 애굽에서 노예로, 종으로 살던 이스라엘 백성들은 그것으로 구별되지 않습니다. 광야로 부름받았을 때 이스라엘 백성은 구별되고 거룩한 백성이 되었습니다.

그런데 어떻게 구별되는가, 그 방법이 중요합니다.

까만 옷을 입은 사람들 중에 하얀 옷을 입은 사람이 있다면 그 사람들은 구별되지만, 반대의 경우도 성립됩니다. 그렇게 되면 하얀 옷을 입은 사람이 거룩한 것일까요, 까만 옷을 입은 사람이 거룩한 것일까요?

하나님이 처음 만드신 것은 빛입니다. 빛이 창조되자 자연히 어두움이 물러납니다. 빛과 어두움이 나뉘었습니다. 빛과 어두움이 구별된 것입니다. 거룩의 첫 번째 뜻은 '밝게 빛나다'입니다. 하나님은 우리가 밝게 빛남으로써 다른 것들과 구별되기를 원하십니다. 거룩한 성도는 과묵하고 차분하기보다는, 밝게 빛나야 합니다. 거룩한 교회는 장엄하고 거창한 것이 아니라 하나님의 빛을 받아 밝게 빛나야 합니다. 거룩한 성도라고 하면서도 기쁨과 밝음이 없다면 자기 자신을 다시 한 번 찬찬히 점검해보아야 합니다. 뭔가 내 신앙 생활이 잘못되었을지도 모릅니다. 물론 성도들도 질병으로서의 우울증에 걸릴 수도 있습니다. 이 경우에는 반드시 의사의 도움을 받아야 합니다. 또 기질적으로 우울한 사람도 있습니다. 마르틴 루터나 스펄전 목사도 선천적으로 우울증 기질을 타고났습니다. 1년에 무려 두세 달을 설교도 못할 정도였다고 합니다. 이 경우에는 자신을 잘 다스려 하나님이 원하시는 방향으로, 밝고 따뜻한 쪽으로 자신을 끌고 가야 합니다. '나는 원래 그런 사람이니까' 하고 자신을 방치해서는 안 됩니다.

하나님을 섬기는 것과 하나님을 사랑하는 것은 구분되어야 합니다. 하나님을 단순히 섬기기만 하고 사랑하지 않는 기독교인들이 의외로 많습니다. 사랑 없는 섬김만 행하고 있지는 않은지 점검해볼 방법이 있습니다.

큰 사고가 났다고 가정해봅시다. 그럴 때는 '내가 지금 하나님으로부터 벌을 받고 있구나!' 하는 생각이 들기 마련입니다. 만약 그런 생각이 든다면 사랑 없이 하나님을 섬기고 있을 가능성이 매우 높습니다.

또 하나 점검하는 방법이 있습니다. 어떤 일을 하기는 싫은데 하지 않으면 하나님으로부터 벌을 받을 것 같은 느낌이 드십니까? 만약에 그렇다면, 종이 주인을 어쩔 수 없이 섬기듯 사랑 없는 섬김으로서의 신앙 생활을 하고 있을 가능성이 매우 높습니다. 그런 사람에게 기쁨이 없는 것은 너무나 당연합니다.

착해지기 위해서 무당을 찾고 귀신을 섬기는 사람은 아무도 없습니다. 귀신의 비위를 잘 맞추어 액운을 면하자는 사람에게는 그저 두려움만 있을 뿐입니다. 그런 식으로 하나님을 섬긴다면, 오직 두려움뿐, 절대로 자유함도 밝음도 있을 수 없습니다. 밝게 빛나는 거룩은 노력해서 얻어지는 것이 아니라, 하나님을 사랑할 때 자연히 주어지는 하나님의 선물입니다.

두 번째 거룩함의 의미는 '따뜻하다'입니다.

햇빛에 잘 말린 이불 속으로 들어가면 그 뽀송뽀송함에 기분이 상쾌해지면서 더불어 행복감을 느끼게 됩니다. 성도는 하나님의 빛을 받아 자비와 긍휼로 가득하게 되어 칙칙하고 음습한 기운에서 벗어납니다. 그런 사람을 만나면 내 기분 또한 밝고 따뜻해집니다. 하나님의 생명력이 내가 만난 그 사람의 마음에도 전달되어서 그 사람 또한 슬픔과 괴로움을 잊고, 온유하고 따사로워집니다. 바로 이것이 거룩의 두 번째 뜻입니다.

밝게 빛나고 따뜻해지는 '거룩'의 이 두 가지 뜻은 빛의 속성에서 유래한 것입니다. 그런데 이 빛은 태양 빛과는 전혀 다른 차원의 빛입니다. 이 빛을 어떻게 소유할 수 있을까요? 유일한 길은 하나님을 사랑하는 것이요 믿는 것입니다.

마더 테레사는 20세기 최고의 성녀로 존경받는 분입니다. 그녀는 키가 1m 50cm도 안 되는 작은 분입니다. 동부 유럽의 시골 처녀인 테레사가 수녀가 되기 위해 집을 떠날 때 그의 어머니는 이렇게 당부하였습니다. "아가야, 무슨 일이 있어도 주님의 손을 놓아서는 안 된다." 테레사 수녀는 그 어머니의 당부를 한시도 잊은 적이 없었다고 합니다. 그녀는 어머니의 당부대로 평생 예수님의 손을 잡고 갔습니다. 어려운 때에는 주님을 향하여 기도했고 위급할 때에는 주님께 여쭈어보았습니다. 바로 주님의 손길을 통해서 마더 테레사는 주님의 빛을 받았고 누구보다도 밝게 빛나는 성품과 따뜻한 심령을 지닐 수 있었습니다.

거룩함으로, 그녀는 인도의 고아 40만 명을 돌보는 큰 일을 감당할 수 있었습니다. 그러한 위대한 일을 해냈음에도 불구하고 그녀는 지치거나 마음이 황폐해지거나 교만해지지 않았습니다. 오히려 속사람은 날로 더욱 밝고 따뜻해졌으며 새로워졌습니다.

사람은 네 종류로 나뉠 수 있습니다.

'본능本能의 사람'들입니다. 이들은 그저 자신의 이득을 위하여 본능에 따라 움직이는 사람들입니다. 들키지만 않는다면 얼마든지 불법을 행할 수 있습니다. 이들 중에 의지력이 남달라 성공하고 출세하는 사람들도 많습니다. 종교 지도자들 중에도 이런 사람들이 있습니다.

또 하나는 '율법律法의 사람'들입니다. 종교적인 계율과 제도에 의지해서 사는 사람들입니다. 성경에서 바리새인들이 그 대표적인 사람들입니다. 이들은 자신들이 절대적으로 신봉하는 신의 계율을 지킴으로써 복을 받고, 그 계율을 어기면 벌을 받는다는 생각으로 살아갑니다. 이들에게서는 두 가지 상반된 태도를 볼 수 있습니다. 먼저, 자신은 절대자의 계율을 지키고 있다는 자부심과 그것을 지키지 않은 사람은 판단하는 정죄의식입니다. '예수 천당, 불신 지옥'이라는 구호가 여기서 기인합니다. 반면, 그들의 속내에는 징계에 대한 심각한 피해의식이 있습니다. 그래서 자신들을 정당화하고 합리화하는 여러 가지 교리들로 무장합니다.

예수님이 이런 말씀을 하셨습니다. "사람이 물과 성령으로 나지 아니하면 하나님의 나라에 들어갈 수 없느니라"(요 3:5). 이 같은 사람들은 이 말씀에서 공식을 만들고 교리를 뽑아냅니다. 물로 거듭난다는 것은 '세례의식'으로, 성령으로 거듭난다는 것은 '방언'으로 규정하고 교리를 만듭니다. 성령을 받은 증거로 가장 명확하게 드러나는 것이 방언이기 때문입니다. 그래서 방언을 훈련시키기도 합니다. 과연 세례를 받고 방언을 할 줄 안다면 모두 천국에 들어갈까요? 예수님이 그런 의도에서 그런 말씀을 하신 걸까요?

세 번째 부류는 '자율自律의 사람'들입니다. 이들은 인간의 존엄성과 책임감으로 살아가는 사람들입니다. 기꺼이 자원 봉사에 참여하고 사회가 옳은 길로 가는 데 익명으로 큰 역할을 하는 사람들입니다. 이들에 의해서 그래도 세상이 건강을 유지하는 것입니다. 그런데 이들은 인간이 숙명적으로 가지고 있는 한계와 죽음에서 자유로울 수 없습니다. 그저 시지프스의 신화에 나오는 인물처럼, 카뮈의 《페스트》에서 기꺼이 부조리와 싸우는 의사 '류'처럼 공동선을 위해서 살 뿐입니다.

마지막 부류는 '진리眞理의 사람'들입니다. 진리는 시대와 상황에 따라 변하지 않습니다. "진리가 너희를 자유케 하리라"는 예수님의 말씀처럼 이들은 두려움으로부터도, 인간의 한계로부터도 자유롭습니다. 죽지 않는다는 말이 아닙니다. 죽음 너머에도 창조주 하나님이 계심을 믿고 죽음으로부터도 자유롭습니다. 이것이 하나님이 인간으로 하여금 도달케 되기를 원하시는 상태입니다. 하나님이 말씀하시는 빛을 가슴 가장 한가운데 소유한 사람들로서 스스로 밝게 빛나며 이웃을 따뜻하게 만드는 참자유의 사람들입니다.

'거룩'은 아주 중요한 마지막 의미를 가지고 있는데, 그것을 알기 위해서는 창세기 1장 5절로 돌아가야 합니다. "빛을 낮이라 부르시고 어둠을 밤이라 부르시니라. 저녁이 되고 아침이 되니 이는 첫째 날이니라"(창 1:5).

이 표현이 좀 이상하게 들리지 않습니까? 저녁이 되고 아침이 되니 하루가 지났다는 것입니다. 우리의 생각과는 정반대입니다. 우리의 하루는 어떻게 되어 있습니까? 아침에 해가 떠오르면 시작되고 저녁에 서산으로 해가 지면 하루가 가는 것입니다. 그러나 하나님의 하루는 반대로 되어 있습니다. 하나님의 하루의 시작은 저녁입니다. 그리고 아침에 해가 떠올라 밤의 어두움을 물리치는 것으로 하나님의 하루가 끝이 납니다.

이것은 과연 어떤 의미를 가지고 있는 것일까요? 한마디로 인간의 하루는 아침에서 저녁이 되듯이 점점 쇠락해가지만, 하나님의 하루는 저녁에서 아침이 되듯이 점점 새로워진다는 것입니다. '새로워짐', 이것이 '거룩'의 마지막 뜻입니다.

사도 바울은 이렇게 외칩니다. "그러므로 우리가 낙심하지 아니하노니 우리의 겉사람은 낡아지나 우리의 속사람은 날로 새로워지도다"(고후 4:16).

말씀을 통하여 삼위일체 하나님을 배우고 사랑하게 될 때, 우리 안에 세상에서는 찾을 수 없는 하나님의 빛이 들어옵니다. 그 빛을 소유한 성도는, 비록 흙에서 온 겉사람은 후패하고 쇠락하지만 속사람은 날로 새로워진다는 뜻입니다.

예수님은 "너희는 세상의 소금이니…너희는 세상의 빛이라"(마 5:13-14)라고 말씀하십니다. 그런데 이 말씀은 창세기 1장 3-5절 말씀의 재해석입니다. "세상의 빛이라." 빛은 어두운 것을 밝게 하며 춥고 습한 것을 따뜻하게 합니다. "세상의 소금이라." 소금은 방부제가 없던 시절, 사물을 썩지 않게 만드는 것이었습니다. 새롭게 함을 상징합니다. 바로 이것이 거룩해지는 것입니다.

기도에 이런 말이 종종 언급됩니다. "하나님, 빛과 소금의 역할을 감당하지 못한 저희를 용서하여주옵소서." 그 기도를 들을 때마다, '먼저 속사람이 빛과 소금으로 변화되어야 하는데…' 하는 생각이 듭니다. 빛으로, 소금으로 변화되지 않은 채, 그 역할을 감당하려니 힘이 들 수밖에 없습니다.

'무엇을 할 것인가?'보다 더욱 중요하고 본질적인 것은 '무엇이 될 것인가?'입니다. 행위doing의 문제가 아니라 존재being의 문제입니다.

사랑하는 사람이 가장 절실히 요구하는 것은 상대방의 사랑 그 자체입니다. 빛이신 하나님의 말씀을 들을 때, 그리고 그 말씀이 내 안에서 역사할 때, 예수님의 마음이 내 마음이 되고 예수님의 생각이 내 생각이 됩니다. 그러는 사이에 예수님을 가장 사랑하게 됩니다. 나도 모르는 사이에 점점 예수님을 닮아가게 되고, 빛이 되어가며 소금이 되어갑니다.

하나님의 은혜를 모르며, 또 하나님을 사랑하지 않는 상태에서 거룩을 추구했던 사람들이 바로 바리새인들입니다. 바리새인들은 헬라어로 '파리사이오스*Pharisaios*'인데, 이 말은 '파루쉬*parush*'에서 유래한 이름으로, 그 뜻은 '구별된 사람'입니다. 아예 이름부터 '거룩을 추구하는 사람들'이었습니다. 그들의 삶의 목표는 거룩의 생활화였습니다. 거룩을 삶 속에서 이루는 것입니다. 그래서 밤낮으로 거룩만을 생각하며 행동했습니다. 그런 그들이 거룩을 가르치신 예수님과 끝없이 충돌했습니다. 참 이상합니다. 바리새인들이나 예수님이나 모두 거룩을 추구하였는데 그들은 사사건건 예수님을 물고 늘어지더니 급기야 예수님을 십자가에 달아버렸습니다. 그 이유가 무엇일까요?

바리새인들은 거룩을 추구하였으나 그들이 추구한 거룩함의 의미가 예수님과는 전혀 달랐기 때문입니다. 바리새인들은 의롭고 경건하며 경직되어 있는 율법을 지킴으로써 거룩을 얻어내고자 한

반면에, 주님은 밝고 따뜻하며 속사람을 새롭게 하는 거룩을 가르치셨기 때문입니다.

사람들이 웅성웅성 모여 있습니다. 무슨 일인가 하고 가보았더니 문둥병자 한 사람이 기진하여 쓰러져 있습니다. 바리새인들은 율법에 따라 그를 더럽다고 정죄하며 멀찌감치 물러섰습니다. 다른 사람과 구별되었습니다. 다른 말로 하면 그들 방식대로 거룩하게 되었습니다.

그런데 어떤 한 사람이 무리에서 나와 그 문둥병자에게 다가가서 기름으로 상처를 닦아주고 물을 먹여줍니다. 그 또한 다른 사람들과 구별되었습니다. 그도 거룩하게 되었습니다. 그분이 바로 우리 주 예수 그리스도이십니다. 같은 거룩을 추구하였으나 바리새인과 예수님은 정반대의 방향을 가신 것입니다.

그 예수님이 우리에게 말씀하십니다.

"내가 거룩하니 너희도 거룩할지어다."

6강

6일 만에 천지를 창조했다고?

생명의 정점인 인간이 부여받은
그 생명성을 온전히
그리고 가장 순수하고 활발하게
발휘하도록 도와주는 것이
올바른 신앙입니다.

The Story of
Heaven

성경에는 하나님이 천지만물을 6일 만에 창조하신 내용이 기록되어 있습니다. 그 이야기를 듣고 사람들이 묻습니다. "어떻게 6일 만에 천지를 창조할 수 있어요?" 현대과학은 우주의 나이를 측정해내고 지구의 연대를 계측해냅니다. 적어도 150~160억 년 되는 지구의 나이를 알고 있는 현대인들에게 6일 동안 천지를 창조했다는 창세기의 내용은 도저히 받아들일 수 없는 것입니다.

인간의 이성과 경험과 지식으로 가늠해볼 때, 이러한 일들은 도저히 일어날 수 없는 사건입니다. 그래서 사람들은 그 내용을 귀담아 듣지 않고 아예 폐기처분해버립니다. 그런데 여기서 문제는 끝나지 않고 오히려 더 큰 문제가 시작됩니다.

가장 큰 문제는, 그 사건 중심에 놓인 살아계신 하나님이 함께 폐기처분된다는 것입니다. 하나님이 계시지 않는 세상은 이미 우리가 배운 바처럼 혼돈과 공허와 흑암이 가득한 세상입니다. 이것이 현대인들의 비극입니다.

어느 날 신문에 난 한 칼럼을 읽다가 깜짝 놀랐습니다. 그 칼럼은 서울대학교 물리학과 제원호 교수가 쓴 것인데, 우주의 나이에 관한 것이었습니다. 그는 이렇게 질문합니다. "우주의 나이는 150억 년일까요, 6일일까요?" 우주의 나이가 대략 150억 년이라는 것은 과학의 정설입니다. 그래서 하나님이 천지를 6일 만에 창조하셨다는 사실에 대하여, 믿지 않는 사람들은 정신 나간 소리라고, 그래서 예수와 성경을 믿지 않는다고 일축해버립니다. 기독교인들 역시 그것을 그저 신화적인 표현이려니 생각해버리거나, 근본주의자들은 귀를 틀어막으며 과학에서 하는 이야기를 들으려 하지 않음으로 스스로를 숨막히는 석고화된 신앙에 가둬버립니다. 그런데 제원호 교수는 하나님의 6일간의 천지창조를 과학의 언어로 알기 쉽게 설명해주었습니다.

예를 들어보겠습니다. 내가 집에서, 정지해 있는 기차를 향해 한 시간마다 빛을 쏘아 보냅니다. 그러면 기차에 있는 사람은 정확히 한 시간마다 그 신호를 받을 것입니다. 그런데 달리는 기차라면 상황은 달라집니다. 내가 집에서 정확히 한 시간마다 신호를 보내지만, 달리는 기차에서는 간 거리만큼 그 신호를 받는 시간은 조금씩 길어질 것입니다. 만약 그 기차가 빛의 속도로 한 시간을 달렸다면 집에서 보내는 신호는 두 시간 후에 받을 것입니다. 이것이 아인슈타인의 상대성 이론에 입각한 시간의 개념입니다.

우주 대폭발 직후 우주의 온도는 현재보다 약 1조 배 정도 높았다고 합니다. 이는 우주의 팽창 속도가 빛의 속도만큼 빨랐다는 것을 의미합니다. 또한 우주 생성 직후의 1초는 오늘날 지구상에서의 시간으로 환산하면 1조 초, 즉 약 3만 년 정도가 된다는 뜻입니다. 그래서 태초의 첫날 하루 24시간은 오늘날의 시간으로 약 80억 년이 됩니다. 그런데 우주가 급속히 팽창하면서 그 온도는 낮아지고 그에 비례하여 팽창 속도도 그만큼 줄어들게 됩니다. 그 다음날은 온도가 더욱 낮아지고 팽창 속도 또한 늦어집니다.

천지창조의 첫날, 하나님이 하루마다 신호를 보내신다고 합시다. 그리고 내가 우주라는 기차를 타고 있다고 가정해봅시다. 창조 첫날은 엄청난 속도로 하나님으로부터 떠나 80억 년 후에나 그 신호를 받게 된다는 말입니다. 둘째 날에는 우주의 온도도 낮아지고 속도도 줄어들어서 두 번째 하나님의 신호를 받는 데는 120억 년 후, 셋째 날 신호는 140억 년 후, 넷째 날 신호는 150억 년 후, 다섯째 날 신호는 155억 년 후, 여섯째 날 신호는 157억 5000만 년 후에 받을 수 있게 됩니다.

현재의 관점에서 역산을 해보면, 다섯째 날은 지금부터 7억 5000만 년 전에 시작해서 2억 5000만 년 전에 끝난 것이 됩니다. 이 기간은 지질 생물학의 캄브리아기를 포함하는데, 이때 수많은 다세포 생물이 지구상에 출현합니다. 그리고 마지막 날은 2억 5000만 전부터 대략 6000년 전까지로 볼 수 있는데, 이 기간에 육상 동물과 인간을 포함한 포유류들이 출현합니다. 요컨대 우주 생성은 인간의 관점에서 보면 150억여 년의 오랜 역사를 갖고 있지만, 하나님의 관점에서 보면 단지 6일간의 일입니다. 그러니까 성경에 기록된 창조의 순서와 내용이 정확하다는 말입니다. 참으로 놀라운 일입니다.

성경을 기록한 사람들은 어떻게 그 옛날 그와 같은 사실을 알았을까요? 그 이유는 단 하나입니다. 성령 하나님의 감동을 받아 성경을 기록하였기 때문입니다. 이렇게 자세히 말씀드리는 데에는 그만한 이유가 있습니다. 과학이 발달하면 할수록 하나님이 부정되는 것이 아니라 하나님이 살아계심이 더욱 증명되고 성경의 내용이 사실임이 증명된다는 점을 말씀드리기 위해서입니다.

제원호 교수는 자신의 칼럼을 이렇게 끝맺고 있습니다. "무에서 우주가 시작되었고, 그 안에 나타난 그림자와 흔적을 통하여 창조주의 큰 지혜를 부분적이나마 알아가는 것이 인생일 것이다. 그럴수록 인간은 각자의 제한된 범위를 벗어나게 되고 서로 다른 존재도 품을 수 있는 큰 마음을 갖게 될 것이다"(《중앙일보》 2005. 3. 18. 칼럼 "과학으로 세상 보기" 중에서).

"창조주 하나님의 큰 지혜를 부분적으로나마 알아가는 것이 인생이다." 그렇습니다. 신앙의 궁극적인 목표는 하나님의 깊은 것까지 통달하는 것이며, 하나님이 나를 아시는 것처럼 알게 되는 것(고전 13:12)입니다. 그래서 그리스도의 장성한 분량에 이르기까지 자라나는 것입니다.

이제 다른 관점에서 질문을 해봅시다.

왜 하나님은 6일 동안 천지만물을 창조하셨을까요?

왜 궁창을 먼저 만드시고 물과 뭍을 나누셨을까요?

왜 식물을 먼저 만드시고 동물은 나중에, 그리고 사람은 하나님의 형상으로 맨 마지막에 만드셨을까요? 왜 동물 중에 물고기는 먼저 만드시고, 그 다음 새와 짐승의 순서로 만드셨을까요?

하나님이 천지만물을 창조하신 순서를 자세히 들여다봅시다.

일단 그 골격을 알면 됩니다. 먼저 하늘과 땅과 물을 만드셨습니다. 그리고 식물을 나게 하셨습니다. 다음에는 태양과 달과 별을 만드시고, 그런 후 물고기와 새, 짐승을 만드셨으며, 맨 마지막에 사람을 만드셨습니다. 하나님은 아무렇게나 우연히 그렇게 만드신 것이 아니라 인간을 향한 깊은 배려와 소중한 뜻을 담고 그렇게 하신 것입니다.

가장 먼저 만드신 하늘과 땅과 물은 생명들이 살 수 있는 '기본적인 터전'이 됩니다. 연극 무대를 한번 생각해보십시오. 연극을 올릴 때 가장 먼저 준비하는 것이 무대입니다. 바로 하늘, 땅, 물, 이것들은 생명들이 살 수 있는 무대입니다. 다음으로 그 무대에서 활동할 수 있는 생명들을 창조하셨는데, 그 순서가 식물, 동물, 사람입니다. 여기에도 순서가 있습니다. 동물 중에도 물고기, 새, 짐승, 사람의 순서입니다. 그리고 이 생명체들이 그 생명을 유지할 수 있도록 사이사이에 태양이나 달을 만드셨습니다.

하나님의 창조에는 원칙이 있고 질서가 있습니다. 우리가 이 창세기를 소중하게 생각해야 하는 것은 바로 창세기에 하나님의 창조 질서가 숨어 있기 때문입니다. 질서는 혼돈의 반대말입니다.

혼돈과 공허와 흑암은 사람들이 겪고 있는 핵심적인 문제인데, 어떻게 이것들을 해결하고 치유할 수 있을까요?

하나님은 알고 계십니다. 하나님의 치유 방법은 대단히 구체적이고 실제적입니다. 하나님의 창조 질서에 우리의 삶을 적용시키면 혼돈은 소리도 없이 저절로 물러나버립니다.

그 창조의 질서, 창조의 원칙은 바로 '생명성生命性'입니다.

생명성The Vitality of Life이라는 것은 생명의 활발한 정도를 말합니다. 식물은 그 자리에 서 있지만 동물은 원하는 대로 움직입니다. 이것은 동물이 식물보다 생명성이 더 강함을 뜻합니다.

이 생명성의 순서에 따라서 맨 처음에 식물, 그 다음에 물고기, 그 다음에 새, 짐승, 그리고 가장 마지막으로 제일 활발한 '사람', 이렇게 만들어진 것입니다. 그리고 생명성이 없는 광물은 생명들이 살 수 있는 바탕을 제공하고 있습니다.

이 창조의 질서가 사물의 가치도 결정합니다. 인생을 제대로 살지 못하는 것은 사물의 가치를 바로 이해하지 못하는 데 그 원인이 있습니다. 한마디로, 덜 중요한 것을 더 중시하기 때문입니다.

10캐럿짜리 다이아몬드와 잡종 강아지와 희귀한 동양란, 그리고 노숙자가 있다고 칩시다. 이것을 중요한 순서대로 열거해보십시오. 대부분의 사람들은 다이아몬드, 동양란, 잡종 강아지, 노숙자의 순서로 열거할 것입니다. 그 기준이 무엇입니까? 돈으로 환산한 가치입니다. 다이아몬드는 말할 것 없이 가장 비쌉니다. 어떤 희귀한 동양란은 억대를 호가한다고 합니다. 잡종 강아지는 몇 만 원이면 살 수 있고 운이 좋으면 옆집에서 얻을 수도 있습니다. 그런데 노숙자는 어떤 이입니까? 우리가 돈을 들여 도와주어야 하는 귀찮고 위험한 존재입니다.

그런데 하나님은 전혀 다릅니다. 하나님의 순서는 노숙자, 잡종 강아지, 동양란, 다이아몬드의 순서입니다. 생명성에 따른 순서, 다시 말해서 생명의 가치에 따른 순서입니다. 돈이 창조한 세상이라면, 돈의 가치에 따라 살면 그 삶도 혼돈스럽지 않고 공허하지 않습니다. 그런데 하나님이 창조하신 세상에서 돈의 가치에 따라 살아가면 그것이 고통의 원인이 됩니다. 세상은 하나님이 창조하셨습니다. 그러므로 반드시 하나님의 법칙에 따라 살아야 합니다.

가장 중요한 것은 창조주 하나님이십니다. 창조주 하나님이 가장 소중하고 귀한 존재입니다. 그 다음이 인간, 동물, 식물, 광물, 비생명의 순입니다.

비생명非生命이라는 것은 인기나 권력이나 명예나 쾌락 등과 같은 것입니다. 금이나 다이아몬드와 같은 광물, 비생명인 인기나 권력이나 명예나 쾌락 등은 사람이나 동물이나 식물들이 그 생명을 유지하고 발휘하도록 도와주는 역할을 합니다. 하나님이 그렇게 창조하셨습니다.

그런데 오늘날의 세상에서는 권력이나 명예나 부가 가장 중요한 것이 되어버렸습니다. 사람들은 그것을 잡기 위해 귀한 생명과 시간과 은사를 낭비해버립니다. 돈으로 바꿀 수 있는 광물이 생명보다 더 중요한 것이 되어버린 것입니다.

어떤 비정한 아버지가 돈을 받고 딸의 친구들을 나쁜 곳에 팔아버렸습니다. 생명 중에서도 생명인 소중한 딸의 친구들을 비생명인 돈을 위하여 양심의 가책도 없이 팔아버린 것입니다.

더욱 가슴 아픈 것은 기독교인들이 권력과 명예와 부를 얻게 해달라고 간절히 기도한다는 점입니다.

신앙 생활의 본질은, 하나님의 시각에 따라서, 하나님의 기준에 따라서 사물의 가치와 중요성을 배우는 것입니다. 생명의 정점인 인간이 부여받은 그 생명성을 온전히 그리고 가장 순수하고 활발하게 발휘하도록 도와주는 것이 올바른 신앙입니다.

우상은 단순히 신상을 말하는 것이 아닙니다. 하나님의 자리에 앉아 있는 모든 것이 우상입니다. 자녀가 가정에서의 우상일 수 있습니다. 요즘은 건강이나 날씬한 몸매가 우상입니다. 온 나라가 보신 음식으로, 다이어트로 열병을 앓고 있습니다. 가슴 아픈 일입니다. 인기, 권력, 돈, 명예 등 세상에 존재하는 모든 것이 우상이 될 수 있음을 알아야 합니다.

그런데 우상을 섬기는 것은 단순한 문제가 아니라 생명에 관한 문제입니다. 폴 틸리히는 우상을 이렇게 설명하고 있습니다. "상대적이고 일시적인 것을 절대적이고 영원한 것이라고 착각하는 모든 것이 우상입니다." 건강이나 자녀나 부귀영화나 명예, 이 모든 것은 상대적이고 일시적인 것입니다. 그런데 그런 것들을 절대적이고 영원한 것으로 착각하여 이런 것에 그보다 더 중요한 생명을 겁니다. 그런데 명심해야 할 것이 있습니다. 우상은 반드시 악마적인 힘으로 우상 숭배자들을 파괴해버린다는 점입니다. 이런 현상들이 우리 주변에 너무 많아서 정신을 차리지 못할 정도입니다.

젊은 청년들이 날씬한 몸매를 가꾼다고 생명을 상하게 합니다. 삼풍백화점이 붕괴되었을 때 저는 교회 청년들을 데리고 헌혈을 하러 간 적이 있습니다. 그 가운데 자매들도 수십 명 있었는데, 놀라웠던 것은 그 아름다운 자매들 중 한 명도 헌혈을 할 수가 없었다는 사실입니다. 과도한 다이어트로 피가 건강하지 못했기 때문이었습니다. 통탄할 일입니다. 온 나라가 다이어트 사탄에 놀아나고 있습니다.

집이 우상인 사람들도 있습니다. 어느 부인은 아름다운 정원이 평생의 자랑이었습니다. 귀한 아들이 잔디밭에 철봉을 설치해달라는 것을, 정원을 망가뜨린다며 거절했습니다. 지금은 그 귀한 아들이 어머니의 곁을 떠나 멀리 살고 있습니다. 무엇이 더 귀한 것일까요? 정원입니까, 아들입니까?

마지막으로 아주 무서운 우상이 있습니다. 그것은 종교적인 열정이나 신앙적인 욕망이 기독교로, 하나님과 관계된 것으로 포장되어 있는 경우입니다. 신앙적인 욕망이 최후의 우상이 될 수 있습니다. 율법을 통해 자신의 의를 추구했던 바리새인들이 대표적인 예입니다. 예수님은 목숨을 걸고 그들의 위선을 비판하셨습니다.

어떤 목회자가 큰 교회, 큰 목회를 하는 것을 인생 최고의 목표로 삼고 있다고 가정해봅시다. 그것을 위해서 교인들을 오도할 수 있습니다. 헌금을 강요할 수도 있고 교인들의 수를 확보하기 위해서 온갖 수단을 다 동원할 수도 있습니다. 나아가서는 자신을 절대화하기도 합니다. 이런 경우 하나님께 영광을 돌리기보다는 자신이나 교인들을 파괴하는 결과를 낳습니다. 이러한 현상들이 극단적으로 간 결과가 바로 그 수많은 이단들입니다.

노아 시대 때 하나님의 심판은 물로 이루어졌음을 기억해야 합니다. 물은 생명들에게 도움을 주기 위하여 하나님이 창조하신 선물입니다. 그런데 창조의 질서를 무시하고 살아갈 때 오히려 비생명인 물과 같은 것에 의해서 생명들이 멸망당할 수 있습니다.

천지창조에 몇 날이 걸렸나 하는 문제는 지엽적인 것입니다. 천지창조에서 주목해야 할 것은 바로 하나님의 창조 질서입니다. 하나님의 창조 질서에 따라, 헝클어진 내 삶을 다시 정립하는 것이 우선 아닐까요?

7

강 | 창세기 1:26-28

우리가 하나님을 닮았대

사람은 흙으로부터 유래한
'육적 생명'과 하나님으로부터 온
'영적 생명'이 결합된 존재입니다.
그렇게 결합되어서 만들어진 사람,
그 이름을 성경은 생령,
곧 '살아 있는 영'이라 하였습니다.
이것이 본래 인간의 이름이며 본질입니다.

The Story of
Heaven

평생을 막노동을 하며 가난하게 사시던 한 할아버지께서 토지에
대한 재산세 고지서를 받고서는 단단히 화가 나셨습니다. 집 한
칸, 땅 한 평 없이 살아온 세월이 억울하기까지 했습니다. 그래서
항의하기 위해 세무서로 달려갔는데, 그곳에서 깜짝 놀랄 만한 소
식을 들었습니다. 자신이 고아인 줄 알았는데 조부께서 남겨놓으
신 땅이 있었다는 것입니다. 그동안 세무서에서도 상속자를 찾아
왔는데, 드디어 그 할아버지를 찾아내어 재산세를 부과한 것입니
다. 할아버지는 뛸 듯이 기뻤습니다. 그래서 상속받은 땅을 찾으러
고향으로 내려갔는데 또 한 번 놀라지 않을 수 없었습니다. 자신이
물려받은 그 땅은 그동안 지형이 변하여 커다란 제방으로 바뀌어
있었습니다. 자신에게 물려받은 땅이 있는 줄 진작부터 알았다면

평생 그 고생을 하지 않았어도 될 것이고, 또 그 땅을 제대로 돌보았다면 그 지경이 되지 않았을 것입니다.

많은 사람들에게 이와 같은 일이 벌어지고 있습니다. 땅보다도 재산보다도 더 귀중한 것이 있는데, 없는 줄 알고 살아갑니다. 이제 그것을 찾아서 떠나보겠습니다.

"하나님이 이르시되 우리의 형상을 따라 우리의 모양대로 우리가 사람을 만들고, 그들로 바다의 물고기와 하늘의 새와 가축과 온 땅과 땅에 기는 모든 것을 다스리게 하자 하시고, 하나님이 자기 형상 곧 하나님의 형상대로 사람을 창조하시되 남자와 여자를 창조하시고, 하나님이 그들에게 복을 주시며 하나님이 그들에게 이르시되 생육하고 번성하여 땅에 충만하라, 땅을 정복하라, 바다의 물고기와 하늘의 새와 땅에 움직이는 모든 생물을 다스리라 하시니라"(창 1:26-28).

하나님이 자신의 형상대로 인간을 창조하셨다는 말입니다.

'하나님의 형상*Imago Dei*'이란 도대체 무엇일까요?

자녀를 보면 그 부모의 생김새를 짐작할 수 있습니다. 그렇다면 하나님도 우리처럼 눈, 코, 입이 있고 팔과 다리가 있다는 의미일까요?

사람들은 몸과 마음과 영혼으로 구성되어 있습니다. 다른 말로 하면 육肉, body과 혼魂, soul과 영靈, spirit으로 구성되어 있습니다. 우리나라 말로는 '영혼'이라 해서 혼과 영을 결합해놓았기 때문에 명확한 개념 파악이 어렵습니다.

사람들은 누구나 몸을 가지고 있습니다. 동물들도 몸을 가지고 있습니다. 사람이 되기 위해서는 여기에다 올바른 마음과 정신이 겸비되어야 하는데, 그 마음과 정신이 바로 '혼'입니다.

몸과 혼은 누구나 다 가지고 있습니다. 하나님을 믿는 사람이든 하나님을 모르는 사람이든 모두 이 두 가지를 가지고 있습니다. 그런데 그들에게 결정적인 차이가 하나 있습니다. 가장 중요한 것, 바로 영입니다. 영이란 과연 무엇일까요?

창세기 2장 7절에는 하나님이 인간을 창조하신 내용이 구체적으로 기록되어 있습니다. "여호와 하나님이 땅의 흙으로 사람을 지으시고 생기를 그 코에 불어넣으시니 사람이 생령이 되니라."

여기서 '생기'라고 하는 것은 히브리어로 '루아흐*ruach*'인데, 바로 성령을 말합니다. 사람은 흙으로부터 유래한 '육적 생명'과 하나님으로부터 온 '영적 생명'이 결합된 존재입니다. 그렇게 결합되어서 만들어진 사람, 그 이름을 성경은 생령生靈, 곧 '살아 있는 영'이라 하였습니다. 이것이 본래 인간의 이름이며 본질입니다.

살아 있는 영the Living Spirit, 하나님의 형상으로 지음받았다는 가장 으뜸되는 의미는 바로 인간이 '살아 있는 영'이라는 사실입니다. 영혼이 살아 있어야 하나님의 형상을 가진 존재가 됩니다. 타락이란 바로 이 영을 상실했다는 것을 말합니다. 영을 상실하면, 하나님의 형상을 상실한 것이 됩니다.

창세기 6장 2절 이하는 아주 중요한 사실을 담고 있습니다.

"하나님의 아들들이 사람의 딸들의 아름다움을 보고 자기들이 좋아하는 모든 여자를 아내로 삼는지라. 여호와께서 이르시되 나의 영이 영원히 사람과 함께하지 아니하리니 이는 그들이 육신이 됨이라. 그러나 그들의 날은 백이십 년이 되리라 하시니라."

여기에서 하나님의 아들이란 영적인 존재를 말하고, 사람의 딸들이란 육적인 존재를 말합니다. 영적인 존재인 사람이 영적인 것을 추구하지 않고 그만 겉으로 드러나는 육적인 아름다움과 화려함에 이끌려 결혼해버렸다는 것입니다.

영적인 존재가 육적인 존재와 결합할 때, 육적 존재가 영적 존재로 바뀌는 것이 아니라 그 반대 현상이 일어납니다. 영적 존재가 육적 존재로 전락해버립니다. 영이 죽어버린다는 말입니다. 그 이유는 첫째, 영이란 원래 인간 자신의 것이 아니며, 둘째, 눈으로 볼 수 없는 것이기 때문입니다. 육적인 세상에서 영적인 존재로 살아가기가 힘든 것도, 수많은 유혹과 시험에 흔들리는 것도 다 이 때문입니다.

영적 생명을 상실하는 것이 다름 아닌 타락입니다. 그러자 어떤 결과가 생겼습니까? 하나님의 신 곧 성령께서 사람 가운데 거할 곳을 찾지 못하게 되었습니다. 성령께서 거하시는 장소가 바로 내 안에 있는 영이기 때문입니다. 그 영이 타락하자 성령께서 떠나가게 되었고 영을 상실한 인간은 이제 육적인 생명, 곧 '육체'만 남게 된 것입니다.

그저 살과 피를 지닌 육체. 사람이 살아 있는 영인 '생령'에서 단순한 고기 덩어리 '육체'로, 그 이름이, 그 본질이 바뀌어버렸습니다. 이것이 타락입니다.

"그러나 그들의 날은 백이십 년이 되리라 하시니라"(창 6:3).

영적 생명이 사라지고 홀로 남은 육적 생명의 수명은 120년이라는 말입니다. 육체도 잘 가꾸고 돌보면 120년 정도는 살 수 있다는 말입니다. 그런데 이 120년은 잃어버린 영적 생명을 살리라고 주신 '하나님의 기회'입니다. 그런데 사람들은 그렇게 하지 않았습니다.

세상이 점차 물질의 지배를 받으며 사람들은 겉으로 드러나는 육체에만 관심을 갖게 되었습니다. 성형 수술은 일반화되어버렸고, 예뻐지기 위해서는 뼈를 깎는 고통도 기꺼이 감수합니다. 진정 뼈를 깎는 고통을 감내해야 할 영역인 자기 수양과 자아 실현에는 눈길조차 주지 않습니다. 사탄의 농간에 온 세상이 놀아나고 있다는 증거입니다.

영은 하나님과 교감하는 안테나입니다. 성령께서 거하시는 장소입니다. 이것이 우리의 영이 살아 있어야 하는 이유입니다. 사도 바울은 하나님의 영을 받는 것이 얼마나 중요한지 로마서 8장 14절이하에서 잘 설명하고 있습니다. "무릇 하나님의 영으로 인도함을받는 사람은 곧 하나님의 아들이라."

우리가 예수그리스도를 믿고 사랑함으로써 우리를 떠나셨던 성령이 돌아오셨고 또한 그 성령의 인도함을 받아서 우리는 다시 살아 있는 영 곧 '생령'이 되었습니다. 그러므로 다음 구절이 매우중요합니다. "성령이 친히 우리의 영과 더불어 우리가 하나님의자녀인 것을 증언하시나니."

하나님은 성령을 통하여 태초부터 지금까지 메시지를 보내고 계십니다. 그 내용은 '인간은 하나님의 형상을 지닌 사랑하는 나의자녀'라는 메시지입니다. 그런데 그 메시지를 듣는 사람이 있고 듣지 못하는 사람들이 있습니다. 그 이유가 무엇일까요? 바로 "우리의 영과 더불어"라는 말을 주목해야 합니다. 영적 메시지를 듣기위해서는 영적 안테나가 반드시 있어야 합니다. 우리 안에 회복된영이 바로 하나님의 영적 메시지를 받기 위한 영적 안테나입니다.

그런데 이 영적 안테나에 문제가 생겼습니다. 문제가 생겼다는 말은 영적 생명이 죽었다는 말이요 영적으로 타락했다는 말이요 영적으로 탈진했다는 말입니다.

육안으로는 볼 수 없지만 수많은 전파들이 오가고 있습니다. 라디오는 눈에 보이지 않는 전파로 발사되는 이 메시지를 받아서 소리로 전환해주는 안테나요 시스템입니다. 텔레비전은 눈에 보이지 않는 전파를 받아서 영상으로 전환해주는 안테나이자 시스템입니다. 이 라디오나 텔레비전 없이는 그 전파의 존재를 알 수 없듯이, 우리 안에 영이 없으면 하나님의 눈에 보이지 않는 영적 메시지를 받을 수 없습니다. 그래서 이 영이 무엇보다도 중요합니다.

여러분들의 영적 안테나 성능은 어떻습니까? 제대로 잘 작동하고 있습니까?

영적 안테나의 성능을 실험하는 방법이 있습니다. 여기에 금은보화가 가득한 상자와 예수님이 있습니다. 여러분들은 어떤 것을 선택하시겠습니까?

노아 시절 사람들은 타락했습니다. 하나님의 메시지가 모든 사람에게 전해졌습니다. 하나님이 온 세상을 멸망시키겠다는 메시지였습니다. 사람들은 그 메시지를 듣지도 못했을 뿐만 아니라 설사 하나님의 사람을 통하여 들었을지라도 그 메시지를 비웃으며 무시

했습니다. 그래서 금은보화가 가득한 상자를 들고 모두 떠나버렸습니다. 그러나 노아만은 하나님을 가장 중요하게 생각했고 그분을 믿었으며 사랑했기에 하나님을 택했습니다. 하나님을 선택하도록 만든 것, 그것이 바로 영spirit입니다.

한 사나이가 있습니다. 어느 날 사탄이 찾아와서 흥정을 합니다. "당신의 그림자를 내게 파시오. 그러면 무슨 소원이든 다 들어주겠소." 사나이는 자신의 그림자를 봅니다. 아무 쓸모도 없어 보입니다. 그래서 냉큼 사탄에게 자기 그림자를 팔았고 그 사나이는 그 대가로 부와 권력을 손에 넣었습니다. 그런데 그림자가 없는 자신을 보고 사람들이 다 도망가기 시작했습니다. 그는 그림자가 생기지 않도록 집안 전체에 가장 밝은 불을 켜놓고 사람들을 불렀습니다. 그러나 아무도 오지 않았습니다. 어느 날 그는 빛이 전혀 들어오지 않게 두터운 커튼을 드리운 깜깜한 방에서 쓸쓸히 죽어갔습니다. 그 하찮아 보이는 그림자 하나가 없어져도 이런 일들이 생깁니다.

"묵시가 없으면 백성이 방자히 행하거니와"(잠 29:18).

묵시는 하나님의 말씀이요 하나님의 메시지입니다. 이것을 가볍게 여길 때 그 사람 자신과 그 가정과 사회와 나라 전체가 사탄에게 사정없이 휘둘리며 침몰해버립니다. 병든 영혼이 문제입니다.

영혼은 모든 것의 기초이며, 바로 이 영혼이 건강해야 합니다.

저명한 정신의학자 융은 93세의 생애를 마치면서 이런 말을 남깁니다. "수많은 치료와 임상을 통하여 사람들의 모든 문제는 병든 영혼에 그 뿌리를 두고 있음을 알았습니다." 살아가면서 문제에 부딪힐 때, 혼돈과 공허와 흑암이 내 삶 가운데 엄습할 때 우선 내 영혼부터 점검해야 합니다.

창세기 1장 28절에서 하나님은 이렇게 말씀하십니다. "하나님이 그들에게 복을 주시며 하나님이 그들에게 이르시되 생육하고 번성하여 땅에 충만하라, 땅을 정복하라."

이 말씀은 세 가지 중요한 뜻을 내포하고 있습니다.

첫째, 우리가 그토록 받기 원하는 하나님의 복은 우리가 하나님의 형상을 회복할 때에만 주어집니다.

둘째, 이 하나님의 형상은 우리가 이 땅을 하나님 나라로 만들고 보살피고 다스리는 사명을 감당할 때에만 주어지는 것입니다.

셋째, 물론 하나님을 믿지 않는 사람에게도 하나님의 형상은 남아 있습니다. 그러나 하나님을 인정하지 않음으로 하나님의 형상으로서의 능력을 오용하고 남용하게 됩니다. 그 결과 자신뿐 아니라, 다른 피조물에게까지 나쁜 영향을 미치게 됩니다.

도련님은 아무리 어려도 힘센 머슴들이 어쩌지 못합니다. 그 도련님은 주인어른의 형상을 지녔기 때문입니다. 그렇다고 도련님이 제멋대로 힘을 휘둘러서는 안 됩니다. 우리는 하나님의 아씨와 도련님이기 때문입니다.

8강

하나님이
우리처럼 생기셨대

머리에는 구원의 지혜,
마음에는 예수 그리스도의 마음,
그리고 그것을 삶 가운데서 실천하면서
지·정·의 세 부분을 견고히 할 때,
우리의 영혼은 비로소 건강하게
자라나기 시작합니다.

The Story of
Heaven

세상에 알려진 가장 유명한 유인원은 페니 피터스 박사가 훈련시
킨 '코코'라는 고릴라입니다. 코코는 무려 1천 단어 정도의 어휘
를 구사할 줄 아는 데다, 그림을 그리고 컴퓨터까지 다룰 줄 압니
다. 페니 박사와 의사소통하는 수화 중에는 코코가 만들어낸 것도
있다고 합니다. 애완용으로 기르던 새끼고양이가 죽자, 코코는 식
음을 전폐하고 며칠을 서럽게 울었습니다. 한편 '마이클'이라는
수컷 고릴라는 콩고에서 밀렵꾼들에게 죽은 엄마 이야기를 수화
로 정확하게 전달하는데, 코코보다는 어휘력이 좀 떨어진다고 합
니다.

  코코에게 묻습니다. "너 사과를 먹을래, 바나나를 먹을래?" 그
러면 코코는 "사과"라고 대답합니다. "이 사과는 무슨 색깔이지?"

하고 물으면 "빨간색"이라고 대답합니다. "나는 너를 사랑해"라고 말하면 "나도 당신을 사랑해요"라고 대답합니다. 그런데 이제부터 가 문제입니다. "하나님이 너를 만드셨어"라고 말하면 이 고릴라 는 "하나님이 누구야?"라고 되묻습니다. 하나님에 대하여 코코가 알아들을 수 있는 말로 열심히 설명합니다. 그러나 눈에 보이지 않 는 하나님에 대해서는 전혀 인식하지 못합니다.

미국 남침례교단의 자료에 따르면, 최연소 세례자는 만 3년 6개 월 된 어린이였다고 합니다. 부모의 의사에 따라 주는 유아 세례자 를 말하는 것이 아닙니다. 이 어린이는 세뇌가 아니라, 스스로 자 신의 수준에서 나름대로 하나님을 인식하고 신앙 고백을 하였습니 다. 여러 전문가들이 다각적으로 조사한 끝에, 이 어린이는 엄마를 사랑하듯이, 예수님을 실제로 구체적으로 사랑한다는 결론을 내렸 습니다. 아이큐IQ가 하나님 인식의 통로가 아니라, 전혀 다른 차 원의 통로, 즉 영혼spirit이 하나님 인식의 통로입니다.

"하나님은 영이시니 예배하는 자가 영과 진리로 예배할지니라" (요 4:24). 우리는 영이신 하나님께 예배를 드립니다. 그분과 기도 로 교통합니다. 성경의 내용을 하나님의 말씀으로 믿고 따릅니다. 이 모든 것이 영이 있기에 가능합니다. 진정한 예배란 영과 영의 교통을 말합니다. 신앙 생활의 목표는 부귀영화를 누리고 이 땅에서 건강하게 잘 사는 것이 아니라, 잃어버린 영, 죽은 영을 회복하는 것입니다.

어떻게 하면 이 잃어버린 영을 회복할 수 있을까요? 인간은 몸과 혼과 영의 결합체입니다. 그 외에도 또 다른 차원이 있습니다. 바로 지知, 정情, 의義입니다.

'지'라는 것은 생각하고 추리하고 판단하는 이성의 영역입니다. '정'은 느끼고 감지하는 감정의 영역이고, '의'는 실제로 행동하고 실천에 옮기는 의지의 영역입니다. 이 세 영역을 통해서 나 자신을 포함한 다른 세계와 교감하고 학습하고 성장하며 살아갑니다.

우리는 어릴 때부터 훌륭한 인격을 갖추어야 한다고 교육받아 왔는데, 이 훌륭한 인격이 구체적으로 의미하는 바는 무엇일까요?

첫째, 아는 것이 많아야 합니다. 훌륭한 사람이 되기 위해서는 지식과 지혜가 풍성해야 합니다. 즉, 지적으로 풍성하고 깊어야 합니다.

둘째, 마음이 따뜻하고 사랑으로 가득해야 합니다. 감성이 풍부해야 합니다. 즉, 정적으로 깊고 풍성하고 넓어야 합니다.

셋째, 강한 의지가 있어서 어떤 역경이 와도 흔들림 없이 알고 느낀 바를 실천으로 옮길 수 있어야 합니다. 즉, 의지적으로 강해야 합니다. 이렇게 지, 정, 의, 이 세 부분이 골고루 잘 발달된 사람을 훌륭한 인격자로 대우하고 존경합니다.

세상 사람들은 기독교인들을 '예수쟁이'라고 폄하하여 부릅니다. 그 이유는 단 한 가지입니다. 기독교인들이 인격자이신 하나님의 형상 회복에는 별 관심이 없고, 그저 자기만 잘 믿고 헌금, 봉사, 전도 많이 해서 하나님의 복을 많이 받으면 그만이라는 잘못된 생각을 가지고 있기 때문입니다.

교회 안에서도, 열성적으로 잘 하는 것 같은데도 선뜻 가까이 하기가 싫은 사람들을 많이 만납니다. 예를 들어봅시다. 많은 성경 지식이나 다양한 신학 지식을 가지고 있는데, 그 사람과 같이 이야기하면 무언가 미심쩍은 마음을 떨칠 수 없습니다. 또 이런 사람도 있습니다. 기도를 굉장히 열심히 하는 분입니다. 빠지지 않고 기도회에 참석하고, 남들보다 훨씬 더 오래 기도하며, 청산유수처럼 대표기도도 잘합니다. 자신감이 넘치는 눈을 번뜩이며 기도만 하면 만사형통이라고 큰 소리를 치는데, 웬일인지 이런 분에게 선뜻 동의할 수 없습니다. 또 이런 분도 있습니다. 봉사에도 앞장서고 궂은 일도 마다하지 않고, 구제와 헌금도 열심히 하고 기독교 운동에 누구보다도 목소리를 높이는데, 그 사람을 만나면 왠지 휘둘리는 것 같아 피하고 싶어집니다.

이런 사람들은 한쪽으로만 과도하게 치우쳐 건강한 하나님의 형상, 건전하고 균형 잡힌 인격체를 갖추지 못했기 때문입니다. 그런데 이런 사람들이 열성적이라는 이유로 교회 지도자의 자리에 많이 앉아 있습니다. 사람들은 그런 지도자들이 뭐가 잘못된 것인지도 모르고 그저 나보다 나은 점이 있고, 잘 따르면 복 받는다고 하니까 추종할 뿐입니다. 그 결과 기형적인 기독교인들이 양산되었고, 그들은 사회에 대한 설득력을 상실해버렸습니다.

제대로 하나님의 형상을 닮은 인격체로 성장하기 위해서는 무엇보다도 영이 살아나야 하는데, 이 영도 지, 정, 의, 세 통로를 통해서 자라납니다.

먼저 머리에는 성경 말씀과 하나님에 대한 지식을 많이 담아야 합니다. 사도 바울은 믿음의 아들 디모데에게 이런 말을 합니다. "어려서부터 성경을 알았나니 성경은 능히 너로 하여금 그리스도 예수 안에 있는 믿음으로 말미암아 구원에 이르는 지혜가 있게 하느니라"(딤후 3:15). 성경을 읽고 묵상하며 공부함으로써 구원에 이르는 지혜로 머리를 가득 채워야 합니다.

우리의 마음은 예수 그리스도의 마음으로 가득 채워야 합니다. 사도 바울은 빌립보 교인들에게 이렇게 당부합니다. "너희 안에 이 마음을 품으라. 곧 그리스도 예수의 마음이니"라고 말하면서, 예수 그리스도의 한없이 낮아지신 겸손과 십자가 사랑의 마음을 품을 것을 신신당부합니다.

나아가 한 가지 더 있습니다. 알고 느낀 것을 삶 가운데서 실천해야 합니다. 에베소 교인들에게 사도 바울은 이렇게 당부합니다.

"우리가 다 하나님의 아들을 믿는 것과 아는 일에 하나가 되어 온전한 사람을 이루어 그리스도의 장성한 분량이 충만한 데까지 이르리니"(엡 4:13).

이렇게 당부하면서 오직 사랑 안에서 참된 것을 하여 범사에 예수에 이르기까지 자랄 것을 권고합니다. "참된 것을 행하라"는 것입니다. 곧 행동과 실천을 말합니다.

이렇게 머리에는 구원의 지혜, 마음에는 예수 그리스도의 마음, 그리고 그것을 삶 가운데서 실천하면서 지, 정, 의, 세 부분을 견고히 할 때, 우리의 영혼은 비로소 건강하게 자라나기 시작합니다. '믿는 것과 아는 것이 하나가 되어 행동으로 옮기는 온전한 사람'이 신앙 생활의 목표입니다.

예수님은 하나님 자신으로서 완전한 지식과 지혜를 갖추셨습니다. 또 그분은 사랑과 겸손, 그리고 그 누구도 따를 수 없는 깊고 깊은 따뜻한 마음을 지니고 계셔서, 오는 세대들을 끌어안고도 남습니다. 또한 십자가에서 죽으심으로 귀한 사랑을 실천하신 분입니다. 그래서 사람들은 예수님을 구세주로 받아들인 것입니다.

또한 예수님은 지, 정, 의 모두가 완전히 하나로 통합된 분입니다. 알고 있는 것은 어떤 반대가 있어도 행하셨습니다. 하나님에 대한 믿음과 지식 사이에는 추호의 의심도, 괴리도 없으셨습니다. 그리고 어떤 역경과 반대가 와도 실천하셨습니다. 그래서 우리는 예수님을 구세주로 모십니다.

그분은 십자가 죽음을 앞두고 겟세마네 동산에서 기도하셨습니다. "아버지여 만일 아버지의 뜻이거든 이 잔을 내게서 옮기시옵소서. 그러나 내 원대로 마시옵고 아버지의 원대로 되기를 원하나이다"(눅 22:42).

십자가 죽음의 두려움이 몰려옵니다. 피하고 싶습니다. 하나님의 뜻과 예수님이 원하는 것 사이에 괴리가 생겼습니다. 그 괴리를 통합하는 작업이 겟세마네 동산에서의 기도입니다. 그 기도가 얼마나 힘들었던지 땀이 피가 되어 흘렀습니다. 말이 최선을 다해서 뛰면 땀의 색깔이 포도주 빛이 됩니다. 그런 기도 끝에 예수님은 결론을 내리십니다. "아버지의 원대로 하옵소서."

이런 예수님의 모습에서 신앙 생활에 두 가지 목표가 생깁니다.

가장 먼저 해야 할 일, 즉 나 자신을 점검해서 부족한 면을 찾고 그 부분을 강화시키는 일입니다. 성경 지식이 모자라면 성경을 열심히 읽어야 하고 성경 공부에 열심히 참여해야 합니다. 기도가 부족하면 기도 생활을 강화해야 합니다. 실천력이 모자랍니까? 겸손히 작은 사랑의 일부터 "저 일은 어떤 일이 있어도 내가 꼭 하리라" 하며 봉사의 삶을 실천해야 합니다.

두 번째 목표는, 지, 정, 의를 하나로 통합하는 일입니다. 생각하고 느끼고 실천하는 것은 각각 다릅니다. 통합이 이루어질 때 우리는 비로소 다른 사람들의 존경을 받는 훌륭한 그리스도인으로서 하나님의 형상을 회복하게 됩니다.

또한 하나님은 우리의 죽은 영을 살리기 위해서 하나님의 형상을 회복시키기 위한 아주 중요한 프로그램을 주셨습니다. 바로 예배입니다. 예배를 한번 들여다보십시오. 예배에서는 하나님의 말씀이 읽힙니다. 또한 목사님의 설교를 통해서 그 말씀이 해석되고 선포됩니다. 바로 이것이 성도들의 '지적인 면'을 고양시키고 발전시켜줍니다. 또한 예배에는 찬송과 찬양이 있고 기도가 있습니다. 뜨거운 기도와 찬양은 마음을 뜨겁게 하고 완악한 마음을 녹여줍니다. 바로 이것이 '정적인 면'을 성장시켜줍니다. 또한 예배에는 헌금과 주일 성수, 예배 참석 등의 요소가 있습니다. 바로 이것은 신앙의 '실천적인 면'을 강화시켜줍니다. 이렇게 예배를 통해 영적 생명이 건강하게 살아나며, 세상에서의 삶 또한 하나님이 원하시는 모습으로 회복됩니다. 그래서 예배는 아주 중요한 것입니다.

미국 보스턴에 있는 한 병원 지하 병동에, 한 소녀가 격리 수용되어 있었습니다. 소녀의 어머니는 소녀가 아기 때 죽었고, 아버지는 알코올 중독자였습니다. 이 소녀는 마음의 어둠 때문에 심한 정신질환을 앓아 사람들이 다가오면 괴성을 지르고 사납게 독설을 퍼부었습니다. 의사들은 온갖 노력을 기울였지만 결국 회복 불능이라는 진단을 내렸습니다. 그 누구도 소녀에게 관심을 보이지 않았습니다.

부모도, 의사도 포기해버린 이 소녀, 사람들이 관심조차 보이지 않는 '회복 불능'의 이 소녀는 과연 어둠을 물리치고 살아날 수 있을까요?

그 소녀에게 관심을 보인 한 사람이 있었습니다. 은퇴한 나이든 간호사였습니다. 이 간호사는 매일 이 소녀를 찾아가 예수님에 대해, 예수님의 사랑에 대해 전했습니다. 그렇게 한 지 6개월, 다른 날과는 달리 소녀는 소리도 지르지 않고 딴전을 피우지도 않으면서, 그 간호사의 이야기에 귀를 기울이는 것 같았습니다. 예수님의 이야기를 듣기 시작한 것입니다. 예수님이 소녀의 마음에 자리 잡자, 어둠이 걷히기 시작했습니다. 소녀는 서서히 세상을 향하여,

사람들을 향하여 마음의 문을 열기 시작했습니다. 그리고 마침내 '회복 불능'이라는 정신 질환마저 완전히 치유되었습니다.

그런데 더욱 놀라운 것은 그 소녀가 누구냐 하는 것입니다.

여러분, 헬렌 켈러를 아시지요? 눈과 귀가 멀고 벙어리로 태어났으나, 삼중고를 이기고 인류의 위대한 멘토로서의 생을 살았던 사람입니다. 헬렌 켈러를 빛으로 인도한 사람이 바로 이 소녀, 앤 설리번 메이시입니다.

이렇게 살아난 설리번은 열심히 공부하였고, 삼중고의 짐승 같은 소녀 헬렌 켈러의 가정교사를 구한다는 소식을 듣고 자원하여 48년간, 헬렌 켈러를 길러냈습니다.

헬렌 켈러가 어느 날 숲 속을 다녀온 친구에게 물었습니다. "무엇을 보았어?" 그 친구는 별반 특별한 것이 없었다고 말했습니다. 헬렌 켈러는 이해할 수 없었습니다. "두 눈 뜨고도 두 귀 열고도 별로 특별히 본 것도 들은 것도 없고, 할 말조차 없다니…." 그래서 헬렌 켈러는 만약 자신이 단 사흘만이라도 볼 수 있다면 어떤 것을 보고 느낄 것인지 미리 계획을 세웠습니다. 그리고 이것을 "내가 사흘 동안 볼 수 있다면Three days to see"이란 제목으로 〈월간 애틀랜틱〉 1933년 1월호에 발표했습니다.

헬렌 켈러의 이 글은 당시 경제 대공황의 후유증에 허덕이던 미국인들을 잔잔히 위로해주었습니다. 우리가 무심코 마주하는 이 세계가 날마다 기적 같은 것임을 일깨워주었기 때문입니다. 그래서 〈리더스 다이제스트〉는 이 글을 "20세기 최고의 수필"로 선정했습니다.

첫째 날, 나는 친절과 겸손과 우정으로 내 삶을 가치 있게 해준 설리번 선생님을 찾아가, 이제껏 손끝으로 만져서만 알던 그녀의 얼굴을 몇 시간이고 물끄러미 바라보면서 그 모습을 내 마음속에 깊이 간직해두겠습니다. 그러고는 밖으로 나가 바람에 나풀거리는 아름다운 나뭇잎과 들꽃 들 그리고 석양에 빛나는 노을을 바라보고 싶습니다.

둘째 날, 먼동이 트며 밤이 낮으로 바뀌는 웅장한 기적을 보고 나서, 서둘러 메트로폴리탄에 있는 박물관을 찾아가 하루 종일 인간이 진화해온 궤적을 눈으로 확인해볼 것입니다. 그리고 저녁에는 보석 같은 밤하늘의 별들을 바라보면서 하루를 마무리하겠습니다.

마지막 셋째 날에는 사람들이 일하며 살아가는 모습을 보기 위해 아침 일찍 큰 길에 나가 출근하는 사람들의 얼굴 표정을 볼 것입니다. 그러고 나서 오페라하우스와 극장에 가 공연과 영화 들을 보고 싶습니다. 그리고 어느덧 저녁이 되면 네온사인이 반짝거리는 쇼윈도에 진열돼 있는 아름다운 물건들을 보면서 집으로 돌아와 나를 이 사흘 동안

만이라도 볼 수 있게 해주신 하나님께 감사의 기도를 드리고 다시 영원한 암흑의 세계로 돌아가겠습니다.

은퇴한 간호사, 앤 설리번 메이시, 헬렌 켈러는 하나님을 알고 배우며 그리스도의 마음을 품고 회복된 '하나님의 형상들', 곧 예배를 온 몸으로 살아낸 사람들이었습니다.

2

완전한
행복의 세계

"여호와 하나님이 땅의 흙으로 사람을 지으시고 생기를 그 코에 불어넣으시니
사람이 생령이 되니라. 여호와 하나님이 동방의 에덴에 동산을 창설하시고 그
지으신 사람을 거기 두시니라"(창 2:7-8).

9강 | 창세기 2:1-3

이제 나랑 놀자꾸나

하나님의 형상을 회복하여
복된 존재가 되어 하나님과 함께
복된 일곱째 날에 들어가면
에덴동산이 됩니다.
이렇게 찾은 에덴동산에서 얻는
행복과 기쁨과 생명은 돈으로 바꾼
행복과 기쁨과 생명과는 달리 진짜입니다.

The Story of
Heaven

젊은 사업가 매튜는 자꾸만 떨어지는 매출에 잠을 이룰 수가 없었습니다. 예수님을 그리스도로 영접한 후, 예수님의 가르침대로 살려고, 사업도 예수님의 방식대로 운영하려고, 큰 결심 끝에 주일에는 사업장 문을 닫았는데 매출이 계속 떨어지는 것이었습니다.

매튜는 일찍이 삼십대 초반에 엄청난 돈을 번 경험이 있었습니다. 그때는 수단과 방법을 가리지 않는 무자비한 방식으로 경쟁업체들을 잠식하여 사업을 확장시켰습니다. 그러다가 어느 순간 완전히 파산해버렸습니다. 사람들은 "그럴 줄 알았다", "쌤통이다" 하며 손뼉을 치면서 고소해했습니다. 그러다가 그는 다시 마음을 추슬러 매트리스 사업을 시작하였고, 사업은 그런대로 운영이 잘되었습니다. 그런데 주일 성수를 해야 한다는 가르침을 받고, 주일에 문을 닫기로 어렵게 결단한 터였습니다.

하나님의 말씀에 순종하면 사업도 번창한다고 들었는데, 이 어찌된 일일까? 자꾸 회의가 들었습니다. 갈등 속에서 며칠 밤을 설쳤습니다. 그러다가 얼핏 잠이 들었나 싶었는데, 갑자기 머릿속에 전류가 흐르는 듯한 느낌을 받았습니다. 정신이 번쩍 들었습니다. 어떤 생각이 스치듯 지나가고 그는 얼른 그 생각을 종잇조각에 적고는 잠이 들었습니다. 실로 오랜만의 깊은 잠이었습니다.

주일 아침 교회에 가기 위해 준비를 하다가 우연히 뭔가 휘갈겨 쓴 종잇조각이 눈에 들어왔습니다.

일요일 방문 고객을 위한 특전

저희 매트리스를 사랑해주시는 고객 여러분께 감사를 드립니다. 저희는 일요일에 하나님과 가족이 너무나 보고 싶어 부득이 휴무를 결정했습니다. 하지만 사전 정보 없이 찾아오신 고객께는 더없는 불편이겠지요. 저희의 편의를 위해 불편을 끼쳐드린 점 머리 숙여 사과드립니다. 그리고 사과의 뜻으로 월요일에 다시 방문해주시면 10%의 할인 혜택과 무료 배송의 특전을 드리겠습니다.

– 직원 일동

매튜는 깜짝 놀랐습니다. 글씨는 분명 자신의 것이었지만, 결코 자신의 아이디어가 아니었습니다. 그 아이디어 덕분에 매출은 급상승하고 그의 체인점들도 늘어갔습니다. 그는 다시 잘나가는 청년 실업가로 재기할 수 있었습니다. 하지만 그는 예전의 매튜가 아니었습니다. 그는 거듭난 사업가로 다시 태어난 것입니다.

단순히, 사업보다도 주일 예배가 중요하며, 예배를 성실히 드리면 복 받는다는 이야기를 하자는 것이 아닙니다. 예배는 치성이 아닙니다. 액운을 막기 위한 굿과 같은 것은 더더군다나 아닙니다.

인간의 최대 약점은, 핵심은 간과한 채 형식에 치중하는 것이며, 본질을 외면한 채 간단한 공식을 만드는 것입니다. 그래서 이사야 선지자가 하나님의 안타까운 마음을 이렇게 전합니다. "너희가 내 앞에 보이러 오니 이것을 누가 너희에게 요구하였느냐. 내 마당만 밟을 뿐이니라"(사 1:12). 이런 책망도 아랑곳하지 않고 한 교회 정문에는 이런 말이 크게 걸려 있습니다. "마당만 밟아도 복입니다."

창세기 2장은 "천지와 만물이 다 이루어지니라"라는 말씀으로 시작합니다. 창세기 1장에는 6일 동안의 창조 사역과 하나님의 형상대로 인간을 창조하신 이야기가 기록되어 있습니다. 그런 후 "천지와 만물이 다 이루어지니라"라고 말씀하십니다. 이것을 보면서, '아, 이제 천지만물과 인간의 창조를 끝으로 하나님의 창조 사역이 완성되었구나' 하고 생각합니다. 오해 중의 오해입니다.

이 구절은 신문의 큰 제목과 같은 것입니다. 곧 2절 이하에서 천지와 만물이 어떻게 완성되었는가를 자세히 설명하고 있습니다.

2절의 말씀은 "하나님이 그가 하시던 일을 일곱째 날에 마치시니 그가 하시던 모든 일을 그치고 일곱째 날에 안식하시니라"입니다. 다시 말해서 일곱째 날에 안식하심으로써 천지와 만물이 완성되었다는 것입니다. 대단히 중요한 내용입니다.

사람들은 일을 통해서 무엇인가를 이루고 완성하려 합니다. 목표를 정하여 노력합니다. 그 목표가 달성되었을 때 일을 이루었다는 성취감에 만족스러워합니다. 그 목표를 이루지 못하면 가슴 아파합니다. 어떤 이들은 좌절하여 평생을 한탄으로 보내기도 합니다. 밤낮으로 일을 해서 일 중독, 과로사라는 단어가 일상화되었습니다.

그런데 하나님은 결코 6일 동안의 창조 사역으로 천지와 만물이 다 이루어졌다고 말씀하시지 않습니다. 제7일에 이르러 안식하심으로써 창조를 완성하셨다고 말씀하십니다.

첫날부터 여섯째 날까지, 하루하루 지날 때마다 반복되는 구절이 있습니다. "저녁이 되고 아침이 되니 이는 첫째 날이라", "저녁이 되고 아침이 되니 이는 여섯째 날이라."

그런데 제7일은 그런 구절이 없습니다. 끝이 없다는 말입니다. 제7일에 들어갈 때, 천지와 만물이 비로소 완성을 이루는 것입니다. 제7일은 안식일입니다. 제7일을 안식함으로써 인생이 완성된다는 것입니다. 창조 사역 자체가 목적이 아니라, 하나님과의 영원한 안식이 창조의 목적입니다.

그러므로 안식하는 제7일이 일하는 6일을 위하여 존재하는 것이 아니라, 일하는 6일이 안식하는 제7일을 위해 있습니다. "6일 동안 일하기 위해 주일에 푹 쉬자." 이런 것이 아닙니다. "주일을 잘 지키기 위해 6일 동안 열심히 일하자"는 생각이 올바른 것입니다.

사탄은 사람들에게 속삭입니다. "야, 그래서 되겠어? 하루 동안 열심히 일하면 얼마든지 더 벌 수 있어. 주일이라고 놀면 절대로 안 돼. 교회가 밥 먹여주냐?" 그래서 사람들로 하여금 하나님을 멀리하게 하고 더 많은 것을 이루라고 부추겨서 일터로 내몹니다.

이스라엘 백성들도 처음에는 그랬습니다. 홍해를 건너 광야로 갔을 때 하나님의 첫 명령은 '안식일 준수'에 관한 것이었습니다. 아직 십계명이 내려지기 전이었습니다. 십계명이나 율법 이전에 가장 먼저 하나님이 가르치신 것은 안식일 준수에 대한 것이었습니다.

이스라엘 백성이 광야에 이르자 제일 먼저 해결해야 했던 것은 먹고 마시는 문제였습니다. 그런데 하나님은 먹고 마시는 문제를 해결해주셨습니다. 만나와 메추라기를 보내주신 것입니다. 하나님은 먹고 마시는 일을 해결해주시고 이스라엘 백성으로 하여금 다른 목표, 즉 더 본질적인 것을 보게 하셨습니다.

그런데 이 만나는 하루가 지나면 상하여 냄새가 났습니다. 그러나 안식일 전에는 이틀치를 거두게 하시고 안식일에 쉴 수 있도록 조치해주셨습니다. 그런데 사람들은 욕심을 부리고 안식일에도 들로 나가 만나를 거두어들였습니다. 그러자 하나님은 대노하시며 그 사람들을 죽이라고 명령하셨습니다. 어떤 사람들은 이러한 하나님의 처사가 너무 가혹한 것이라고 불평합니다. 그러나 하나님은 단호하십니다. 안식일을 무시하는 사람은 살아도 산 것이 아님을 가르치고 싶으신 것입니다.

또 하나 알아야 할 것은 '유대인의 안식일'이 '그리스도인의 주일'로 바뀐 이유입니다. 그 후, 이스라엘 백성은 안식일을 열심히 지켰습니다. 안식일에 관한 율법이 자그마치 270가지를 넘을 정도로 자세한 규례를 만들었습니다. 그중에는 재미있는 것도 있습니다. 안식일에 바지가 뜯어졌는데 몇 바늘 꿰맬 수 있을까? 논의한 결과 세 땀을 꿰맬 수 있다고 결론을 내렸습니다. 그럴 정도로 자세한 규정을 만들었습니다.

그런데 이것은 하나님이 안식일을 제정하신 목적을 오해하고 왜곡한 것입니다. 안식일에 이스라엘 백성들이 하나님과 더불어 안식하지 않고 한 푼이라도 벌겠다고 나서니까, 아예 안식일은 아무 일도, 노동도 못하도록 율법으로 정해버렸고 이를 어기는 사람은 죽이라고 명령한 것입니다. 그러자 사람들은 어떤 것이 노동인지 아닌지를 논쟁을 통하여 그토록 복잡하게 만들어버렸습니다.

우리 인간들의 어리석음이 얼마나 지긋지긋한 것인지 알아야 합니다. '하나님과의 영원한 안식'을 한 푼이라도 더 벌겠다고 나서다가 망치고, 한편으로는 270가지가 넘는 계율로 몸을 칭칭 감고 어두운 집에 갇혀 보내느라고 안식을 망쳐버립니다.

하나님의 안식일은 자유이며 기쁨이며 행복이며 사랑입니다. 6일 동안 일하면서 상실한 사랑과 기쁨을 안식일에 회복하라는 것입니다. 그런데 유대인들은 더 큰 속박과 어둠과 저주로써 하나님의 안식일의 기본 정신과 목적을 파괴하였습니다.

예수님이 오셨습니다. 예수님이 오신 목적은 여러 가지가 있지만, 그중 하나가 올바른 하나님의 안식을 가르치기 위해서였습니다. 그러나 유대인들은 이를 단호히 거부하였고, 마침내는 예수님을 가장 저주스러운 십자가에 못 박아버렸습니다. 그러나 예수님은 안식일 다음날 새벽 미명에 부활하심으로써 새로운 안식일, 곧 주님의 날인 주일主日을 새롭게 제정해주셨습니다. 이제 주일을 새롭게 회복된 안식일로 누릴 수 있게 된 것입니다.

다시 성경으로 돌아가겠습니다. 하나님의 말씀인 성경은 모두 중요하지만 창세기 2장은 성경 66권 중에서도 예수님의 십자가 사건 기록과 함께 가장 중요한 장이라 할 수 있습니다. "타락 이전을 담고 있는 유일한 기록"이기 때문입니다. 예수님의 십자가 사건도 알고 보면 우리에게 '창세기 2장의 세계'를 회복시켜 주기 위해서입니다. 신앙 생활의 목적은 창세기 2장으로의 회복입니다.

창세기 2장은 하나님과 영원한 안식을 누릴 수 있는 에덴 동산이 어떤 곳인지 보여주고 있습니다. 여기에는 많은 상징적인 그림과 말씀이 담겨 있습니다.

모든 사람들이 에덴 동산을 찾아 헤매고 있습니다. 열심히 사는 이유도 에덴 동산을 찾기 위한 몸부림이며, 좌절하고 방황하는 것도 에덴 동산을 찾지 못해서입니다. 그런데 사람들은 20평보다는 100평짜리 아파트가 에덴 동산이라고 생각합니다. 800CC짜리 차보다는 4,000CC짜리 큰 차가, 낮은 자리보다는 높은 자리가 에덴 동산이라고 생각하여 그것을 얻으려고, 그곳에 가려고 애를 씁니다. 그래서 갔습니다. 넓은 아파트로, 넓은 차로 옮겨갔습니다. 이때 함께 넓어지는 것도 있습니다. 입과 콧구멍. 너무나 좋기 때문입니다. 또 높은 자리로 옮겨갔습니다. 이때 또한 함께 높아지는 것이 있습니다. 뽐내는 마음입니다. 그런데 얼마 지나지 않아 그곳이 에덴 동산이 아니라는 것을 알게 됩니다.

그 이유는 여기에 있습니다. 성경에서 말하는 에덴 동산은 장소적인 개념이 아니기 때문입니다. 에덴의 뜻은 '기쁨, 행복, 생명'입니다. 장소적인 개념이 아니라 영적인 개념입니다.

그렇다면 과연 그 에덴 동산은 어디에 있으며 어떻게 찾아갈 수 있을까요?

창세기 1장과 2장은 에덴 동산을 찾아가는 지도라 할 수 있습니다. 창세기 1장과 2장을 자세히 읽어보면 그 수많은 피조물 가운데 하나님이 복을 주신 것이 두 가지 있음을 알 수 있습니다.

"하나님이 자기 형상 곧 하나님의 형상대로 사람을 창조하시되 남자와 여자를 창조하시고 하나님이 그들에게 복을 주시며"(창 1:27-28).

그리고 창세기 2장 3절 말씀 "하나님이 그 일곱째 날을 복되게 하사 거룩하게 하셨으니." 그러니까 하나님이 셀 수 없이 많은 삼라만상 가운데 복을 주신 것은 두 가지입니다. 첫째, 하나님의 형상을 부여하신 사람에게 복을 주셨으며, 둘째, 일곱째 날에 복을 주셨습니다. 여기에 창조의 핵심이 있습니다.

아무나 복 받은 사람이 아닙니다. 높은 지위와 부와 명예와 권력을 소유한 사람이 복 받은 사람이 아닙니다. 잘생긴 외모와 뛰어난 머리와 재능을 가진 사람이 복 받은 사람이 아닙니다. 하나님의 형상을 회복한 사람, 그 사람이 하나님의 복을 받은 복된 존재입니다.

하나님의 형상을 회복했다는 것은 영혼을 되찾았다는 뜻입니다. 이 사람에게는 영적 개념인 에덴 동산이 보이기 시작합니다.

여기에 또 하나가 더 필요합니다. 하나님은 시간, 그중에서도 일곱째 날에 특별히 복을 더 주셨습니다. 일곱째 날은 하나님과의 동행이며 안식입니다.

이 둘이 합쳐질 때 드디어 에덴 동산이 그 모습을 드러냅니다.

복된 존재(하나님의 형상)＋복된 시간(안식일)＝에덴 동산(생명, 기쁨).

하나님의 형상을 회복하여 복된 존재가 되어 하나님과 함께 복된 일곱째 날에 들어가면 에덴 동산이 됩니다. 이렇게 찾은 에덴 동산에서 얻는 행복과 기쁨과 생명은 돈으로 바꾼 행복과 기쁨과 생명과는 달리 진짜입니다. 참입니다. 세상이 빼앗아갈 수 없습니다. 이것은 더 큰 기쁨과 행복과 생명을 창출해내는 원동력입니다.

한 캐나다 청년이 있었습니다. 그는 아내를 살해한 죄로 사형 선고를 받고 복역 중입니다. 사는 데 절망하여 아내를 상상할 수 없는 잔인한 방법으로 살해했습니다. 더 무서운 것은 그에 대해 전혀 죄책감을 느끼지 않았었다는 점입니다. 그런 그가 요즘 하는 일은 캐나다 인디언 교회를 목사로서 돌보는 사역입니다.

어떻게 이런 일이 가능했을까요? 바로 예수 그리스도 때문입니다. 그는 감옥에서 주님을 만났습니다. 그리고 생명의 빛을 통하여 자신이 처한 상황을 보게 되었습니다. 참회하며 사죄의 은총을 입고 자신은 저주받은 죄인이 아니라 하나님의 가장 사랑받는 복된 존재라는 것을 깨달았습니다. '이 감격과 감사를 어떻게 보답할 수 있을까? 언제 끝날지도 모르는 이 생애를 통해 무엇을 할 수 있을까?' 깊이 기도하고 노력하고 애쓴 결과, 그는 감옥에서 통신 프로그램으로 신학을 공부하고 안수를 받아 마침내 목사가 되었습니다. 당국의 허가로 그는 매주일이면 인디언들이 기다리는 교회로 달려갑니다. 그리고 사역을 마치고는 다시 감옥으로 돌아옵니다. 그 캐나다 청년에게 주일은 하나님과 함께하는 가장 복된 시간입니다. 그러한 사실을 그처럼 뼈저리게 아는 사람도 없을 것입니다.

6일 동안 감옥 안에서 죄수로 살아가지만, 주일만 되면 그는 영광스러운 하나님의 일을 하는 목회자로 변신합니다. 그렇다고 그의 사형 선고가 취소된 것은 아닙니다. 그러나 그는 사형이 집행되는 그날까지 주님을 위하여 살다가 주님께로 기쁘게 돌아갈 것입니다. 비록 그는 감옥에 갇혀 있지만 그 감옥은 더 이상 지옥이 아닙니다. 바로 사람들이 그토록 찾아 헤매는 에덴 동산입니다.

그가 사형 선고를 받아 살고 있듯이 우리도 언젠가는 죽습니다. 우리도 언젠가는 감옥과 같은 세상을 떠나 하나님께로 돌아갑니다.

10강

에덴 동산은 어디에 있지?

하나님은 우리들에게 많은 것을 주셨습니다.
교회와 가정과 자녀와
재산과 일터와 재능 등을 주셨습니다.
청지기로서 하나님의 깊은 뜻을 헤아리며
잘 관리할 책임이 있습니다.

The Story of
Heaven

토끼와 거북이 이야기가 진실입니까, 거짓말입니까?

거짓말입니까? 그렇다면 왜 꼬마들에게 가장 먼저 토끼와 거북이 이야기를 들려줍니까?

진실입니까? 그렇다면 어떻게 토끼와 거북이가 서로 말을 하고 경주를 할 수 있습니까?

질문 자체가 잘못된 것입니다. 우화라는 형식을 빌려 근면과 성실은 승리한다는 것을 가르치려는 것입니다. 이 우화를 진실이라고 믿으며, 그들이 경주한 벌판을 찾아 헤맨다면 바보 중의 바보일 것입니다. 또한 거짓말이라고 생각해서 자녀들에게 들려주지 않는다면, 어린 자녀들은 들을 만한 이야기가 아무것도 없을 것입니다.

창세기는 과연 믿을 만한 기록일까요? 태초에 오직 하나님만이 존재했다면 어떻게 이런 기록이 남겨질 수 있었을까요? 만약 설화라면 하나님의 말씀이라고까지 절대화할 필요가 없는 것 아닌가요? 창세기는 고대 근동 지방의 창조 설화를 바탕으로 재구성한 것이라는데, 문자 그대로 믿어서는 안 되는 것 아닌가요?

창세기뿐 아니라, 성경 전체에 대한 회의와 비판과 공격이 끊이질 않습니다. 기독교 밖에서뿐 아닙니다. 기독교 안에서도 문자 그대로 믿어야 한다는 축자영감설을 신봉하는 보수주의자들과 성경 편집설, J.E.D.P. 문서설 등을 주장하는 자유주의자의 공방이 끊이질 않습니다. 기독교 안팎에서 《신은 죽었다》, 《만들어진 신》, 《예수는 없다》 같은 책들이 출판되었습니다.

저는 성경 강해를 진행하면서, 견지하려는 태도가 몇 가지 있습니다.

첫째는, '따지면서 읽기'를 지양하고 '빠지면서 읽기'를 하려고 합니다. 이 말은 서울대 조동일 교수가 만들어낸 것입니다. '따지면서 읽기'는 책의 내용을 비판적으로 분석하면서 읽는 방법이고, '빠지면서 읽기'는 책의 내용을 그대로 수용하면서 읽는 방법입니다. 그 이야기 속으로 빠지면서 읽으라는 말입니다.

성경책처럼 우리가 따지면서 읽는 책도 없을 것입니다. 그런데 저는 성경을 전적으로 하나님의 말씀으로 인정하고 하나님이 왜 그렇게 말씀하시고 행동하셨는가를 알아보려고 합니다. '빠지되 철저히 빠지려고' 합니다.

둘째는, 성경은 다양한 문학 장르를 사용하고 있습니다. 객관적인 서술, 성경 기자의 해석, 우화, 설화, 시 등입니다. 성경은 독특한 히브리적 표현법 등을 적용했습니다. 그러므로 히브리 문화의 이해가 필수적입니다. 이 점들을 반드시, 그리고 분명히 고려해야 합니다.

하나님의 말씀에 일점 일획도 오류가 없다는 축자영감설을 주장하는 근본주의자들은 창세기 역사를 6000년으로 보고 있습니다. 하나님께는 천 년이 하루 같으며, 세상을 엿새 동안 창조하셨으므로, $6 \times 1,000 = 6,000$이라는 것입니다. 이는 대단히 잘못된 것입니다. 하나님께 천 년이 하루 같다는 것은 과학적 사실이 아니라 시적인 표현입니다.

셋째, 글은 문자적 의미, 상징적 의미 등 다양한 것을 내포하고 있습니다. 그런데 성경에서 반드시 찾아내야 하는 것은 '영적 의미'입니다. 성경은 본질적으로 '하늘 이야기'이기 때문입니다. 그렇다고 해서 알레고리적으로 해석하겠다는 뜻이 절대로 아닙니다. 알레고리적 해석이란, 예를 들자면 선한 사마리아 비유에서

"동전 두 개는 신약과 구약이요, 주막은 교회요" 하는 식의 해석입니다.

토끼와 거북이 이야기에서 영적 의미를 찾는 것은 어불성설입니다. 반대로 성경에서 이 땅에서 잘 먹고 잘 사는 비결만을 찾는다면 이 또한 어불성설입니다.

영적 의미를 찾는다는 것은 '하나님의 마음 읽기'입니다. 하나님의 마음과 뜻과 의도를 찾아내고 내 마음과 행동을 그에 합하게 하는 것이 신앙 생활의 모든 것입니다.

창세기가 언제 누구에 의해서 기록된 것이냐에 관한 논쟁은 아직도 계속되고 있습니다. 성경의 다른 책들도 마찬가지입니다.

"창세기는 모세가 쓴 것이다", "아니다, 바벨론 포로기에 누군가가 쓴 것이다." 저는 언제나 이런 논쟁을 피하려 합니다. 이는 무의미한 논쟁이라 생각하기 때문입니다. 기독교 2000년 동안 이런 논쟁은 충분히 해왔습니다.

모세가 쓴 것이든, 바벨론 포로기에 누군가가 바벨론 창조 설화를 토대로 쓴 것이든, 창세기가 하나님의 손에 붙들린 사람에 의해서 기록된 이상, 창세기는 전혀 새로운 세계를 열고 있습니다. 문간에서 싸우는 일은 그만두고 그 세계로 들어가보자는 것입니다.

여기서 저는 독서와 묵상과 자기 관리를 통해서 저 자신을 크고 깨끗한 프리즘으로 만드는 일에만 전력하려 합니다. 그래서 하나님의 빛의 다양함을 선명하게, 보다 넓고 보다 깊게 비추어 보이는 일에 집중하려 합니다.

그런데 창세기 2장 4-5절의 내용은 창세기 1장에서 기록된, 사람을 창조하신 내용과는 좀 차이가 있습니다.

여기서 짚고 넘어가야 할 사항이 있는데, 학자들은 J.E.D.P. 문서설 등의 학설로 그 차이를 설명합니다. 예를 든다면, P 신학자(예루살렘 성전을 중심으로 한 제사장 계열의 신학자)들은 창세기 1장에서 하나님의 절대적 주권성을 강조하는 데 반해, J 신학자(다윗 왕조 시대의 궁중 신학자)들은 창세기 2장에서 땅이 하나님의 창조 활동 무대이고, 인간이 그 중심점을 이루고 있음을 그리고 있습니다.

이러한 문서들은 인간의 창조를 여러 다양한 각도와 차원에서 설명하고 있다고 생각하면 큰 도움이 될 것입니다. 성경에서는 같은 사건을 다르게 소개하는 경우가 더러 있습니다. 예수님의 생애를 서술한 4복음서가 그렇고, 유다와 이스라엘의 역대 왕들에 대한 기록인 열왕기와 역대기도 그 대표적인 예입니다. 다소 시간과 순서나 연대에 차이가 나는 것도 사실입니다. 그렇다고 성경 자체가 틀린 것, 조작된 것은 절대 아닙니다.

하나님이 그렇게 허락하신 데에는 깊은 뜻이 있습니다. 하나님은 성경 기자들의 개성과 관점을 존중하셨습니다. 그리고 성경 기자들의 다양한 서술을 통하여, 좀 더 하나님의 뜻을 정확히, 깊고 폭넓게 깨달아 알게 하려는 의도가 담겨 있습니다. 하나님은 총체적으로 보실 수 있으나 인간은 한 면만 보기 때문입니다.

컵이 있습니다. 정면에서 보면 직사각형이요, 위에서 보면 원입니다. 사면에서 보아야 그 전체를 파악할 수 있습니다. 4복음서를 주신 것도 여러 사람을 통하여 예수님의 생애를 여러 각도에서 조명해보라는 것입니다.

창세기 1장에서는 천지창조를 큰 스케일에서 그리고 있다면 여기서는 좀 더 세부적으로 미세하게 서술하고 있습니다.

"여호와 하나님이 땅에 비를 내리지 아니하셨고 땅을 갈 사람도 없었으므로 들에는 초목이 아직 없었고 밭에는 채소가 나지 아니하였으며 안개만 땅에서 올라와 온 지면을 적셨더라"(창 2:5-6).

상황은 이렇습니다. 땅을 이미 지으셨는데, 아직 사람은 만들지 않으셨습니다. 땅을 경작할 사람이 없으므로 숲과 들에는 초목과 채소가 나지 않고 지면은 안개만 자욱하였습니다.

최초 사람의 이름은 다 아시는 대로 '아담'입니다. 그런데 그냥

'사람'이라고 할 때도 '아담'이라고 합니다. 그러니까 아담은 고유명사이자 보통명사라고 할 수 있습니다.

또 하나, 땅을 뜻하는 히브리어 단어가 두 개 있는데 '에레츠 *erets*'와 '아다마*adamah*'입니다. 하나님이 땅을 창조하셨다고 할 때 하나님이 '에레츠'를 창조하셨다고 되어 있습니다. 그런데 이 땅이 '아다마'로 쓰일 때 대단히 중요한 의미를 가지게 됩니다. 이 '아다마'는 인간인 아담의 경작에 따라서 결과가 달라지는 땅을 말합니다.

'아다마'의 흙으로 아담인 사람을 지어서 아담으로 하여금 '아다마'를 경작케 하셨습니다. 일종의 언어유희라고 할 수 있습니다. "꼬부랑 할머니가 꼬부랑 지팡이 짚고 꼬부랑 고개 넘어"와 같은 것이라 할 수 있습니다.

복잡하지만 재미있는 표현입니다. 그런데 여기에도 깊은 뜻이 담겨 있습니다.

하나님이 창세기 1장 9-10절에서 이렇게 말씀하십니다. "하나님이 이르시되 천하의 물이 한 곳으로 모이고 뭍이 드러나라 하시니 그대로 되니라. 하나님이 뭍을 땅이라 부르시고 모인 물을 바다라 부르시니." 이때 땅을 '에레츠'라고 하였습니다.

그런데 창세기 3장 17절을 보면 달리 표현하고 있습니다. "아담에게 이르시되 네가 네 아내의 말을 듣고 내가 네게 먹지 말라 한 나무의 열매를 먹었은즉 땅은 너로 말미암아 저주를 받고." 이때는 땅을 '아다마'라 하였습니다.

'에레츠'와 '아다마'의 차이점을 눈치 채셨습니까?

아담의 범죄로 인하여 땅이 저주를 받았습니다. 아담의 죄과에 의해 이 땅의 질이 결정된 것입니다. 저주스러운 것으로 바뀐 것입니다.

예를 들어보겠습니다. 한 아버지가 두 아들에게 땅을 똑같이 분배했습니다. 그런데 큰 아들은 그 땅을 팔아서 도박으로 탕진해버렸습니다. 작은 아들은 열심히 일하고 가꾸어 그 땅에서 많은 소출을 내고 부자가 되었습니다. 그때 그 아버지는 '에레츠'를 두 아들에게 주었다고 할 수 있습니다. 이제 '에레츠'를 받은 두 아들에게 그 땅은 '아다마'가 됩니다. 얼마나 열심히 가꾸고 돌보느냐에 따라 그 결과는 엄청난 차이가 납니다. 이제 '에레츠'와 '아다마'의 차이를 아셨을 것입니다.

하나님은 우리 모두에게 많은 것을 주셨습니다. 먼저 시간과 생명을 주셨습니다. 그런데 같은 80년의 생을 사는 사람들이라 할지라도 그 삶의 질은 엄청난 차이를 보입니다. 어떤 사람은 왜 내게는 재능과 기회를 주지 않으셨냐고 원망하며 이 귀한 생명과 시간을 낭비해버립니다. 그러나 어떤 사람은 많은 곤란과 역경에도 불구하고 위대한 인생을 살면서 하나님께 영광을 돌리고 이웃에게 덕을 나누어주고 갑니다. 80년이라는 시간은 하나님이 보시기에 '에레츠'입니다. 그러나 하나님으로부터 80년이라는 시간이 우리 손에 쥐어졌을 때에는 그것이 '아다마'가 됩니다. 우리가 어떻게 하느냐에 따라 그 80년의 시간의 질이 결정된다는 것입니다.

화니 크로스비는 8,000여 곡의 찬송가를 작곡하여 하나님께 영광을 돌린 사람입니다. 그런데 화니 크로스비는 태어난 지 6개월 만에 눈에 염증이 생겼고 담당의사의 부주의로 인하여 영원히 실명하게 됩니다. 화니 크로스비는 이렇게 말합니다. "저는 그 담당의사에게 오히려 감사하게 되었습니다. 실명으로 인하여 하나님과 더욱 깊은 교제를 나누었으며, 보지 못하므로 오히려 더욱 민감한 청각을 선물로 받았기 때문입니다. 실명은 하나님이 저에게 주신 최고의 선물입니다." 저는 그가 작곡한 대표적인 찬송가 144장을 부를 때마다 깊은 감동에 사로잡힙니다.

예수 나를 위하여 십자가를 질 때
세상 죄를 지고 고초당하셨네.
예수여, 예수여, 나의 죄 위하여

보배 피를 흘리니 죄인 받으소서.

그는 남들이 지지 않는 실명의 십자가를 졌음에도 불구하고 오히려 주님의 십자가에 감사하고 있습니다. 원망과 불평은 자신이 가진 것까지도 보지 못하게 하지만 감사와 찬양은 모든 것을 극복케 할 뿐 아니라 더 많은 것을 하나님으로부터 허락받습니다.

우리는 '아다마'를 잘 경작하여 하나님께 영광을 돌리는 진정한 아담이 되어야 할 것입니다. 한데 진정한 아담이 되기 위해서는 마음에 새겨야 할 것들이 있습니다.

첫째, 하나님은 우리를 로봇으로 만들지 않으셨고, 자유의지를 지닌 하나님의 자녀요 예수님의 친구(요 15:14)로 만드셨습니다. 인간은 하나님의 사랑의 대상입니다.

백번 양보해서, 창세기가 고대 근동 지방의 창조 신화 '에누마 엘리쉬*Enuma Elish*'를 차용한 것이라 합시다. 그런데 '에누마 엘리쉬'에서는 인간이 신의 심부름꾼으로 창조되지만, 성경에서는 인간이 최고의 사랑의 대상으로 창조됩니다.

하나님은 자존하시는 분이므로 종이나 일꾼을 필요로 하시는 분이 아닙니다. 종에게는 자유의지가 필요없습니다. 그럼에도 사람에게 자유의지를 주신 것은, 하나님의 사랑에 자발적으로 응답하여 하나님과 교감하고 사랑을 나눌 수 있도록 하기 위해서입니다.

둘째는 '청지기 정신'입니다. 청지기는 노예나 종들과는 전혀 다른 신분입니다. 청지기에게는 주인의 것을 마음대로 할 수 있는 권한이 주어집니다. 왜냐하면 청지기는 주인의 절대적인 신임과 사랑을 받는 존재이기 때문입니다. 그런데 기억할 것은 청지기는 종들 중에서 선발한다는 사실입니다. 그러니까 청지기는 '주인의 권한을 가진 종'입니다. 그러므로 주인의 뜻을 절대적으로 따르는 순종의 자세가 있어야 합니다.

하나님은 우리들에게 많은 것을 주셨습니다. 교회와 가정과 자녀와 재산과 일터와 재능 등을 주셨습니다. 청지기로서 하나님의 깊은 뜻을 헤아리며 잘 관리할 책임이 있습니다. 물론 실수도 있고 허물도 있을 수 있습니다. 이를 위해 회개를 통한 죄 사함의 길까지도 열어놓으신 주님입니다. 그러므로 언제든지 다시 시작할 수 있습니다.

미국에 있을 때 저는 '마약 재활 프로그램'에서 일한 적이 있습니다. 그 재활원의 이름은 '제네시스Genesis'입니다. 곧 '창세기'라는 뜻입니다. 마약 중독자를 치료하여 새 사람으로 창조하겠다는 의지가 담겨 있는 이름입니다.

이곳에서는 마약 중독자들을 4주 동안 수용하여 치료합니다. 저는 의사들과 함께 동양인들을 신앙적으로 격려하는 일을 맡았습니다. 왜 하필 4주 동안일까요? 이 기간은 단순하게 결정된 것이 아닙니다. 나쁜 습관도 하나님의 사랑과 하나님을 향한 헌신의 결단에 의해 4주면 회복된다는 것입니다. 부부의 사랑도 하나님의 약속을 믿는 철저한 헌신에 의해서 4주면 회복될 수 있습니다.

무너져버린 것이 있습니까? 그것이 회복되기를 원하십니까? 하나님의 약속을 믿고 4주 동안만 열심히 애써보십시오.

"여호와 하나님이 땅의 흙으로 사람을 지으시고 생기를 그 코에 불어넣으시니 사람이 생령이 되니라"(창 2:7).

하나님은 안개만이 자욱한 땅을 경작할 아담을 지으셨습니다. '아다마'를 경작할 '아담'(인간)을 '아다마'(흙)로 지으시되 '살아 있는 영'으로 지으셨습니다. 살아 있는 영만이 영이신 하나님과 교감하며, 하나님의 뜻을 알게 되고, 그 뜻에 따라 청지기 정신으로 주어진 땅을 잘 경작할 때 아름다운 '아다마'를 이룰 수 있습니다.

"강이 에덴에서 흘러 나와 동산을 적시고 거기서부터 갈라져 네 근원이 되었으니"(창 2:10).

내가 살아 있는 영이 되어, 주어진 '에레츠'를 하나님의 뜻에 합당하게 경작할 때, 내가 서 있는 이곳이 바로 에덴 동산이 됩니다. 여기서 생명과 기쁨과 행복의 풍성한 생수가 발원하여 사방으로

흘러나가, 잃어버린 영혼, 갈 길 몰라 방황하는 불쌍한 사람들의
타는 목마름을 해결해줄 수 있습니다.

산다는 것은 풀어야 할 숙제가 아닙니다. 예수님과 함께 즐겨야
할 신비입니다. 하나님이 에덴 동산을 창설하시고 우리를 초대하
십니다.

11강

신비의 두 나무

에덴동산에 이 두 나무가 서 있다는 것은
언제나, 어디서든지
하나님의 사랑과 공의를 함께
받아들이라는 것입니다.
그럴 때에만 비로소 에덴동산이 회복되고
세워지고 유지될 수 있습니다.

The Story of
Heaven

요한계시록을 보면, 구원받은 성도들의 수가 144,000명입니다. 이 것을 문자적으로만 해석하는 이단들이 역사적으로 무수히 생겨났 습니다. 이들은 자신들만이 구원받은 144,000명이라고 주장하면 서 자기네 공동체에 들어와야만 구원을 받을 수 있다고 주장합니 다. 그런데 144,000이라는 숫자는 상징적·영적 의미를 가진 숫자 입니다.

이 숫자를 풀어보면 12×12×1,000=144,000입니다. 12는 7과 더불어 유대인들에게 '완전수'입니다. 그래서 성경에 보면 12라는 숫자가 많이 등장합니다. 예수님의 12제자, 이스라엘의 12지파가 그 대표적인 예입니다. 또한 1,000은 '많다', '온전하다'는 뜻입니 다. 그러므로 이 숫자를 해석하면 '완전한 많은 무리'라는 뜻입니다. 이것을 영적인 의미로 해석하면 '예수님의 보혈의 능력을 덧입은 완전한 의인의 무리'를 의미합니다. 즉 144,000명은 문자적인 의미, '의로운 완전한 많은 무리'는 상징적인 의미, '예수님의 보혈의 능력을 덧입은 완전한 의인'은 영적인 의미입니다. 이러한 과정을 거쳐서 하나님의 말씀을 보다 정확하고 바르게 이해해야 합니다.

그렇다고 해서 성경의 모든 것을 그렇게 해석해야 된다는 것은 아닙니다. 소위 영해靈解라는 자의적인 해석들로 기독교를 어지럽히는 경우가 대단히 많습니다.

"또 어려서부터 성경을 알았나니 성경은 능히 너로 하여금 그리스도 예수 안에 있는 믿음으로 말미암아 구원에 이르는 지혜가 있게 하느니라"(딤후 3:15). 그러므로 가라 하시는 데까지만 가보되, 어디까지나 구원에 이르는 지혜를 얻게 하는 데 목표를 두고 가야 합니다.

하나님은 동방의 에덴에 동산을 지으시고, 살아 있는 영으로서의 아담을 그곳에 두셨습니다. 동방의 에덴은 어디인지 모릅니다. 몰라도 구원에 이르는 데는 전혀 지장이 없습니다.

성경은 그 에덴 동산을 이렇게 묘사하고 있습니다. "여호와 하나님이 그 땅에서 보기에 아름답고 먹기에 좋은 나무가 나게 하시니 동산 가운데에는 생명 나무와 선악을 알게 하는 나무도 있더라"(창 2:9).

에덴 동산에는 보기에 아름답고 먹기에 좋은 나무들이 많았습니다. 이 말을 들으면서 문득 이런 생각이 듭니다. 많은 나무 가운데 왜 하필 먹기에 좋은 나무라고 하셨을까요?

사람들의 욕구 중 가장 기본이 되는 것은 생리적인 욕구와 먹는 욕구입니다. 아담과 하와의 타락은 '먹는 문제'에서 시작되었습니다. 예수님의 경우 역시, 요단강에서 세례를 받으시고 광야로 나가 40일 금식하신 후 사탄이 찾아와서 제일 먼저 던진 시험이 먹는 문제였습니다. "네가 만일 하나님의 아들이어든 이 돌들에게 명하여 떡이 되게 하라"(눅 4:3). 그만큼 먹는 욕구가 기본이며 중요하다는 것입니다.

문제는 사람들의 탐욕입니다. 모든 지도자들은 먹는 문제의 해결을 들고 대중 앞에 섭니다. 더 잘 먹고 잘 살게 하겠다는 것입니다. 풍요와 번영을 이룬 지도자는 위대한 지도자로 기억됩니다. 그러나 진정한 구원은 먹는 문제의 해결이 아닙니다. 사람들은 풍요 앞에서 더 큰 풍요를 탐하며 점점 더 배고파합니다. 이 배고픔은 먹는 문제로 해결되지 않습니다. 영적 기갈이 더 큰 문제입니다.

우리는 얼마나 많은 것을 가지고 있습니까? 옷장을 열어보면 수십 벌의 옷이 걸려 있는데도 입고 나갈 옷이 없다고 투덜거립니다. 내일 일을 걱정합니다. 사탄은 그런 사람들을 더욱 부추깁니다. "절대로 이대로는 안 된다. 이러다가는 망해버린다." 정말 그렇습니다. 요즘 경제가 정말 어렵습니다. 상상을 초월한 고유가와 고물가. 앞뒤가 꽉 막혀버린 대한민국. 이대로 가만히 있다가는 파멸이 불 보듯 뻔해 보입니다.

그런데 예수님 당시 유대인들은 로마의 식민 통치하에 있었으며 무척 가난했습니다. 그들은 하루 두 끼 정도로 연명하였습니다. 당시 지배국이었던 로마 시민들의 1인당 GNP는 500달러 정도로 추정되니, 그 식민지의 백성인 유대인들의 삶의 빈곤함은 상상을 초월할 정도였을 것입니다. 그런 사람들에게 예수님은 "무엇을 먹을까 무엇을 마실까 무엇을 입을까 염려하지 말라" 하셨습니다. 그런데 예수님의 말씀을 듣고 이제는 먹고 사는 문제에 대하여 걱정하지 않기로 결단한 사람들이 있었습니다.

우리는 지금 누구의 말을 듣고 있습니까?

사람들은 "먼저 그의 나라와 그의 의를 구하라. 그리하면 모든 것을 더하시리라"라는 예수님의 말씀을 단순히 전도 열심히 하고 봉사 열심히 하라는 말로 듣습니다. 또한 전도와 봉사의 일을 하면서 '내가 이렇게 열심히 했으니까 하나님이 복 주시겠지. 자손 대대로 물려줄 재산을 주시겠지' 생각하며 마음 밑바닥엔 여전히 더 많이 먹게 될 기대로 채워놓고 있습니다.

사람들의 삶의 목적은 훨씬 더 높고 숭고합니다. 하나님은 사람들을 창조하시면서 먹고 마시는 것을 삶의 목적으로 세우게 하지 않으셨습니다. 사람을 창조하신 가장 원초적인 목적은 하나님과의 사귐, 하나님과의 교제입니다. 보기에도 좋고 먹기에도 좋은 나무가 가득한 에덴 동산이란, 먹고 마시는 문제는 걱정하지 말고, 하나님께로 눈을 돌리라는 배려입니다. 그러므로 사람은 그 하나님께 올바로 반응해야 합니다. 땅값이 오르자, 그동안 소홀히 하던 고향 부모님께 효도 경쟁을 벌이는 그런 식의 관심은 하나님이 절대 사절하십니다.

사랑하는 사람들이 가장 원하는 것은 서로 바라보면서 사랑을 나누는 것입니다. 그런데 사랑하는 사람이 다른 곳에 관심이 있다면, 다시 말해서 먹을 것이나 선물에나 관심을 둔다면 얼마나 슬프겠습니까? 또한 그 선물을 타박이나 하고 있다면 얼마나 속상하겠습니까? 많은 사람들이 지금 그렇게 살아가고 있습니다. 그러니 하나님은 얼마나 슬프고 답답하시겠습니까?

사람들도 자녀를 먹이기 위해 참고 견디며 열심히 일합니다. 하물며 우리 하나님은 일러 무엇하겠습니까? 하나님은 그분의 자녀인 우리를 어떠한 상황에서도 절대로 굶기지 않으십니다.

분당에 고춧가루를 파는 어떤 부부가 있습니다. 학교도 제대로 다니지 못한 이 부부는 열심히 고추 농사를 지었고, 처음부터 진짜 태양초 고추만 팔았습니다. 중국산 50%, 국내산 50%라고 써 붙여 놓았으면 정확히 그랬습니다. 사람들은 그들을 믿었고, 다른 물품도 주문하여 이 부부의 사업은 날로 번창했고 결국 부자가 되었습니다. 이 부부처럼, 정직과 성실만으로도 얼마든지 잘 살 수 있습니다. 부정직한 세상일수록 정직한 사람이 훨씬 살기 편한 세상입니다. 하나님 나라는 먹고 마시는 데 있지 않습니다. 에덴 동산은 장소적인 개념이 아니라, '사랑, 생명, 기쁨'이라는 영적 개념임을 상기하십시오. 하나님의 약속을 믿고 하나님과 사랑을 나누며 이웃들을 돌보고 성실히, 열심히, 재미있게 살기로 합시다.

이제 동산 중앙에 있는 두 그루의 나무, 이 나무가 무엇을 의미하는지 알아보기로 하겠습니다.

먼저 '생명나무'를 살펴보겠습니다. 생명나무의 열매를 먹으면 영원히 살 수 있습니다. 그 나무가 상징하는 바는 '영생'입니다. '도대체 그런 나무가 어디 있어?'라고 생각하시듯, 아무리 찾아봐도 그런 나무는 이 세상에 없습니다. 막강 진시황도 이 나무를 얼마나 찾아 헤맸습니까? 그런데도 못 찾았습니다. 우리 같은 사람들은 아예 찾을 생각을 말아야 합니다. 그렇다면 생명나무는 있지도 않은 겁니까? 여기에는 다른 뜻이 있습니다.

하나님은 우리를 사랑의 대상으로 창조하셨습니다. 자신보다도, 자신의 아들 예수님보다도 우리를 더 사랑하십니다. 우리를 위하여 하나님의 독생자를 십자가에 내어주셨습니다. 우리 중 그 누구도 남을 위해 내 자녀를 내어주는 사람은 없을 것입니다. 그러나 하나님은 그럴 정도로 우리를 사랑하십니다. 그런데 사랑하는 사람이 가장 원하는 것은 무엇일까요?

사랑하는 아들이 전쟁터로 나갑니다. 어머니는 무엇을 가장 원할까요? 조국을 위한 장렬한 전사일까요? 공을 세우고 무공훈장을 받고 돌아오는 것일까요? 아닙니다. 어머니가 원하는 것은 단 하나. 비겁해도 좋으니까 어떻게 해서든 '살아 돌아오는 것'입니다.

Being Together. 우리도 할 수만 있다면 사랑하는 사람과 영원히 살고 싶을 것입니다. 문제는 우리가 그럴 능력도 없고, 우리의 마음도 변한다는 것입니다. 그런데 하나님의 사랑은 절대로 변하지 않으며, 하나님은 영원히 사랑하는 이와 함께 사실 수도 있습니다. 그래서 생명나무를 만드셨습니다.

영생의 다른 말은 '부활'입니다. 우리의 타락으로 잃었던 영원한 생명을 다시 회복시키는 것이 부활입니다. 그런데 이 부활을 상급으로 생각하는 사람이 많습니다. 내가 신앙 생활을 잘 했기 때문에 보상으로 주신다고 생각합니다. 잘못된 생각입니다. 하나님은 모든 사람을 자녀 삼으시고, 모든 사람을 사랑하십니다.

어쩌면 시원찮은 사람을 더욱 사랑합니다. 자식을 키우다 보면 시원찮은 자식에게 마음이 더 갑니다. '큰 아들은 능력이 있으니까, 큰 딸은 예쁘고 똑똑하니까 괜찮은데, 저 막내 놈은 만날 사고나 치니 나 없으면 어찌 살꼬.' 이것이 부모의 마음이고, 그 마음의 원천은 하나님이십니다. 영생이 상급으로 주어진다는 생각은 버리십시오. 하나님은 모든 사람들이 생명나무의 열매를 따먹고 영생하기를 원하십니다. 왜요? 사랑하니까.

동산 중앙에 심긴 생명나무는 '하나님의 영원한 사랑'을 상징합니다.

그렇다면 선악을 알게 하는 나무의 실과는 무엇일까요?

많은 사람들이 이런 말을 합니다. 정말 너무 많이 듣는 질문입니다. 듣기에도 지겹고 진부한 질문, 그러나 끝없이 하는 질문이 있습니다.

"하나님은 도대체 왜 선악과를 만들어서 사람으로 하여금 죄를 짓게 만드나?"

"선악과 하나 따먹었기로서니 에덴 동산에서 쫓아낼 것까지야 없지 않는가?"

예를 들어봅시다. 눈에 넣어도 안 아플 자녀가 있습니다. 게다가 그 아이는 인물도 잘났고 공부는 학교에서 따라올 사람이 없습니다. 예술적 재능도 뛰어나서 그림에다 피아노까지, 나갔다 하면 상이란 상은 다 휩쓸어 옵니다. 더욱 자랑스러운 것은 탁월한 리더십까지 갖추었다는 점입니다. 금상첨화로 그 부모는 부자이기까지 해서 자녀가 원하는 것은 무엇이든 뒷받침해줄 수 있습니다. 그런데 부모가 자녀에게 지원을 중단하는 딱 한 가지 경우가 있습니다. 자녀가 부모를 부모로 인정하지 않는 경우입니다.

극단적인 예이겠지만, 실제로 미국 캘리포니아에서 전교 1등으로 졸업한 한 남학생이 졸업파티에 데려갈 여자친구의 문제로 어머니와 말다툼을 하다가 어머니를 야구방망이로 살해한 사건이 있었습니다. 어떤 변명을 해도, 그는 어머니를 어머니로 인정하지 않은 것입니다. 하나님을 인정하지 않는 것은 어머니를 인정하지 않는 것보다도 훨씬 더 심각하다는 사실과, 공의에 대한 하나님의 절대성을 마음에 새겨야 합니다.

하나님이 명령하십니다.

"여호와 하나님이 그 사람에게 명하여 이르시되 동산 각종 나무의 열매는 네가 임의로 먹되 선악을 알게 하는 나무의 열매는 먹지 말라. 네가 먹는 날에는 반드시 죽으리라 하시니라"(창 2:16-17).

모든 것이 가㓲합니다. 하나님은 모든 것을 내어주십니다. 사랑하시기 때문입니다. 그러나 단 한 가지 하나님과 사람 사이에 절대 경계선이 있습니다. 그것은 하나님은 언제든지 명령하실 수 있는 분이고 우리는 그 명령에 순종해야 한다는 사실입니다. 이 사실은 영원히 바뀔 수 없습니다. 절대로 뒤집을 수 없습니다. 뒤집는 것이 곧 타락이요 멸망입니다. 그 결과는 "반드시 죽으리라"입니다.

하나님이 돌멩이 하나를 갖다 놓으시고 이 돌은 절대로 넘어서도 안 되고 옮겨서도 안 된다고 하셨으면 창세기 2장 9절 말씀은 이렇게 바뀌었을 것입니다.

"동산 가운데에는 생명나무와 선악을 알게 하는 돌멩이도 있더라 …."

선악을 알게 하는 나무는 '하나님의 공의'를 상징합니다. 하나님의 공의란 하나님의 하나님되심을 인정하는 것입니다. 하나님의 공의는 절대적입니다. 하나님의 공의를 인정하지 않을 때 반드시 하나님의 심판이 임합니다. 그래서 죄의 삯은 어떤 경우에도 사망입니다.

하나님의 사랑과 공의는 하나님의 여러 속성들을 대표하는 두 기둥입니다. 그런데 이 두 기둥은, 하나님을 떠받치고 있으나, 서로 극명하게 대립되는 것이기도 합니다. 즉, 하나님의 공의를 인정하고 하나님의 사랑을 거부하는 것과, 하나님의 공의를 무시하고 하나님의 사랑만 얻겠다는 것은 절대 불가능합니다. 에덴 동산에 이 두 나무가 서 있다는 것은 언제 어디서든지 하나님의 사랑과 공의를 함께 받아들이라는 것입니다. 그럴 때에만 비로소 에덴 동산이 회복되고 세워지고 유지될 수 있습니다. 기억하십시오. 하나님의 공의를 부인하자 에덴 동산에서 추방되는 두 사람을.

"이 백성을 나에게로 불러 모아라. 내가 그들에게 나의 말을 들려주어서, 그들이 이 땅에서 사는 동안에 나를 경외하는 것을 배우고, 또 이것을 그들의 아들딸에게 가르치게 하려고 한다"(새번역, 신 4:10).

이것이 출애굽시킨 목적입니다. 우리를 구원하신 목적입니다. 여호와를 경외함, 이것이 우리 삶의 목적입니다. '경외함'은 히브리어로 '야레yare'라고 하는데, 무서워하면서도 동시에 사랑하는 이상한 감정입니다. 사랑과 두려움이 공존하는 이 감정은 오직 하나님을 향해서만 느끼는 오묘한 감정입니다. 루돌프 오토Rudolf

Otto는 이 경외감으로 인하여 '거룩함Das Heilige'을 경험할 수 있다고 말합니다.

하나님을 경외하는 것을 가르치기 위해, 생명나무를 통하여 영원한 하나님의 사랑을 보이시고, 선악을 알게 하는 나무를 통하여 하나님의 명령은 무조건 따라야 한다는 하나님의 절대적 공의를 보이신 것입니다.

하나님의 영원한 사랑과 하나님의 절대적인 공의가 통합된 것이 갈보리 십자가입니다. 인간의 죄를 사하고 인간을 다시 품기 위해 자기 아들의 목숨까지도 내어주는 하나님의 무한하신 사랑과, 사람들의 패하고 흥함을 결정하는(눅 2:34) 하나님의 절대적인 공의가 예수 그리스도의 십자가 안에서 통합되었습니다.

생명나무 과일을 따먹으며 "사랑하는 자녀들아, 영원히 나와 함께 살자"는 하나님의 사랑을 만끽합니다. 선악을 알게 하는 나무의 실과를 볼 때마다, "따먹는 날에는 정녕 죽으리라"라는 무서운 하나님의 공의를 기억합니다.

"너희는 먼저 그의 나라와 그의 의를 구하라. 그리하면 이 모든 것을 너희에게 더하시리라"(마 6:33). 이 말씀은 "동산 가운데에는 생명나무와 선악을 알게 하는 나무가 있더라"와는 또 다른 말씀입니다. 앞의 말씀은 더 잘 먹고 잘 사는 문제에 눈이 팔려 '하나님의 공의'를 외면한 사람들, 그리하여 '하나님의 사랑'을 떠나 흑암과 공허에 던져진 사람들에게 하신 예수님의 말씀입니다. "먼저 그의 나라와 그의 의를 구하라." 하나님의 공의를 다시 확립하라는 것입니다. "그리하면 모든 것을 더하시리라." 에덴 동산이 회복된다는 하나님의 약속입니다.

창세기 2:15-18

영원히 행복하고 싶어요

"부르는 것이 곧 그 이름이 되었더라."
이름은 본질을 의미합니다.
예전에는 이름의 명예를 지키기 위하여
목숨을 걸었습니다.
이름이 그만큼 중요합니다.

The Story of
Heaven

창
세
기
12
강

예로부터 '개성 상인'은 장사 잘하기로 으뜸이었습니다. 한 명의
개성 상인이 탄생하기 위해서는 혹독한 훈련 과정이 필요했습니
다. 개성 상인 아버지가 자신의 사업을 아들에게 맡기기 위해서는
9년의 훈련이 필요했습니다. 아들에게 3년 동안 장돌뱅이로 전국
장을 돌아다니게 했습니다. 전국 물류의 흐름을 파악하라는 것입
니다. 하루 종일 굶고 저녁으로는 술지개미를 먹게 했습니다. 돈
도 아끼면서 극기 훈련을 시킨 것입니다. 그렇게 한 후, 3년 동안
아버지 친구 가게에 취직을 시켜 남을 섬기는 법을 배우게 합니
다. 그렇게 한 후, 비로소 아버지 밑으로 들어가는데, 가장 어렵
고 힘든 시기가 바로 아버지 밑에서의 3년이라고 합니다. 가업을
물려받기 위해서는 무엇보다도 아버지의 뜻을 받들고 수행해야

하기 때문입니다. 여기서 실패하면 모든 노력과 훈련이 허사로 돌아갑니다. 긴 과정과 혹독한 훈련을 통해서 배출된 개성 상인은 그 명성을 지키고 가업을 다스리며 빛나는 전통을 이어가는 것입니다.

"여호와 하나님이 그 사람을 이끌어 에덴 동산에 두어 그것을 경작하며 지키게 하시고"(창 2:15).

여기서 주목해야 할 것은 '그 사람the man'입니다. 일반적인 '남자', '사람'이 아니라 어떤 특정한 사람을 말합니다. 누구입니까? 바로 '생령', 살아 있는 영으로서의 사람을 말합니다. 에덴 동산은 아무에게나 주어지는 것이 아닙니다. 영이 살아 있는 사람에게 주어집니다. 영이 살아 있다고 하면, 언뜻 떠오르는 사람들이 있습니다. 예배에 빠지지 않고 참석하고 열심히 "아멘"을 외치고, 큰 소리로 통성 기도를 하고, 산이라도 옮기겠다는 결의로 가득 찬 사람들입니다. 물론 이들도 영이 살아 있는 것일 수 있겠으나, 영이 살아 있는 사람들이란 무엇보다 하나님과 교통하며 동행하는 사람들을 말합니다. 눈에 보이지 않는 하나님의 메시지를 받아내는 영적 안테나가 살아 있는 사람들을 말합니다.

하나님은 생령living spirit으로 지으신 아담에게 에덴 동산을 맡기

서서 그곳을 다스리고 지키게 하셨습니다. 그런데 하나님은 에덴 동산을 맡기시면서 "한번 잘해보거라" 하지 않으시고, 구체적인 지침을 주셨습니다.

"여호와 하나님이 그 사람에게 명하여 이르시되 동산 각종 나무의 열매는 네가 임의로 먹되 선악을 알게 하는 나무의 열매는 먹지 말라. 네가 먹는 날에는 반드시 죽으리라 하시니라"(창 2:16-17).

선악을 알게 하는 나무는 하나님의 공의를 상징합니다. 하나님의 공의는 구체적으로, 첫째, 하나님의 '하나님되심'을 인정하는 것이며, 둘째, 죄는 그 어떤 것도 하나님께 절대로 용납되지 않는다는 뜻입니다. 선악을 알게 하는 나무의 실과를 먹는 것은 하나님의 공의를 범하는 것이며, 그 죄를 범하는 날에는 반드시 죽게 된다는 뜻입니다.

그런데 사람들은 이렇게 말합니다. "하나님을 인정하지도 않고 죄를 짓는데도 잘만 살고 있지 않나요?" 그러나 살아도 죽은 것과 마찬가지입니다. 가짜 행복에 취해서 겉껍질만 살아가고 있는 것입니다. 잘사는 것처럼 보이는 사람…. 그 마음을 헤집어보면 시커멓게 타들어가고 있는 것을 볼 수 있습니다. 이미 속마음은 에덴 동산이 아니라 지옥 그 자체입니다.

하나님 없이도 잘 살아갈 수 있다고 생각하는 것이 가장 큰 오해입니다. 사람들은 부자를 보고 '잘산다'고 말하지만, 경제적으로 부유할 뿐 잘사는 것이 아닙니다. '못산다'는 사람도 경제적으로 가난할 뿐, 그 누구보다도 행복하게 살 수 있습니다. 에덴 동산을 잘 다스리고 지키는 방법, 그 첫 번째는 하나님의 하나님되심을 인정하는 것입니다. 이것이 기독교 신앙의 출발점입니다.

"여호와 하나님이 이르시되 사람이 혼자 사는 것이 좋지 아니하니 내가 그를 위하여 돕는 배필을 지으리라 하시니라"(창 2:18).

여기에 에덴 동산을 다스리고 지키는 두 번째 지침이 있습니다.

'돕는 배필'은 좁은 의미에서 여자, 곧 하와를 가리킵니다. 곧 아내를 지칭합니다. 아내를 돕는 배필이라고 하면, 아내가 남편의 보조 역할자라 생각하기 쉽습니다. 아내는 남편보다 못한 존재라는 생각이 두 번째 오해입니다.

예를 들어보겠습니다. 집에 큰 잔치가 있습니다. 먹고 놀기만 하던 딸이 미안했던지 엄마를 돕겠다고 나섭니다. 그런데 실수연발입니다. 돕는 것이 아니라 오히려 방해만 됩니다. 엄마는 그 딸에게 "나가 놀아라" 하고 말합니다. 프로 요리사가 와야 진정 도움이 됩니다. 기억하십시오. 더 강하고 현명하고 더 경험 많은 사람만이 진정으로 남을 도울 수 있습니다.

돕는 배필을 히브리어로 '에쩨르*ezzer*'라고 하는데, 이 '에쩨르'는 하나님만이 쓰시는 거룩한 단어입니다. 시편 54편 4절에서 "하나님은 나를 돕는 이시며 주께서는 내 생명을 붙들어 주시는 이시니이다"라고 할 때 "하나님은 나를 돕는 이", "하나님은 에쩨르"라고 말합니다. 하나님만 쓰시는 거룩한 칭호를 하와 곧 아내에게 허락한 것입니다. 이것을 남자들이 '돕는 배필'이라고 번역한 것입니다. 여기에는 하나님의 깊은 뜻이 담겨 있습니다.

첫째로, 아내는 눈에 보이지 않는 하나님 대신 내 옆에 짝지어 주신 거룩한 하나님과 같은 존재입니다. 하나님은 아내가 남편보다 더 현명하고 강하고 깊고 넓은 존재라는 사실을 처음부터 인정하셨습니다. 한마디로, 아내는 '눈으로 볼 수 있는 하나님'입니다.

"남편들아 이와 같이 지식을 따라 너희 아내와 동거하고 그를 더 연약한 그릇이요 또 생명의 은혜를 함께 이어받을 자로 알아 귀히 여기라. 이는 너희 기도가 막히지 아니하게 하려 함이라"(벧전 3:7).

2000년 전, 아내를 재산 취급하며 아내의 생사여탈권을 가졌던 남편들에게는 놀라운 말일 것입니다. 아내는 분명 힘이 약합니다. 그런데 아내를 존귀하게 여겨야 한다는 것입니다. 그렇지 않으면 기도가 막힌다는 것입니다. 이때 기도는 하나님과 교통하는 기도인 동시에, '숨통'인 기도氣道를 의미한다고 생각합니다. 실제로 아내를 귀하게 여기지 아니하면 가정은 숨 막히는 지옥이 되어버립니다. 현대는 더욱 그렇습니다.

둘째, 그렇다고 아내라면 누구나 다 거룩한 돕는 배필이 되는 것은 아닙니다. 눈에 보이지 않는 여호와 하나님으로부터 지혜와 능력을 얻을 때, 진정 '돕는 자'가 됩니다. 하나님으로부터 배우지 않는 아내는 밥이나 하고 빨래나 하고 집안일이나 돌보는 단순한 '보조자'일 뿐입니다. 또한 방향을 잘못 잡으면 오히려 아담의 적대자가 됩니다.

그러므로 아내들은 눈에 보이지 않는 하나님과 누구보다 더 잘 교통하여야 합니다. 잘 배워서 하나님 대신의 역할을 잘 감당하셔야 합니다. 이 개념을 교회로 확대하면, 하나님은 성도들이 모두 '에쩨르'가 되기를 요구하십니다. 교회는 영적 가정입니다. 하나님을 아버지로 모시는 하나님의 가족, 그래서 서로가 서로를 돕는 배필이 될 때 그 가정과 교회는 곧 에덴 동산이 됩니다.

"여호와 하나님이 흙으로 각종 들짐승과 공중의 각종 새를 지으시고 아담이 무엇이라고 부르나 보시려고 그것들을 그에게로 이

끌어 가시니 아담이 각 생물을 부르는 것이 곧 그 이름이 되었더라"(창 2:19).

세 번째 지침은 대단히 중요한 내용입니다. 하나님이 아담으로 하여금 만물의 이름을 짓게 하셨다는 사실에 주목해야 합니다.

"부르는 것이 곧 그 이름이 되었더라." 이름은 본질을 의미합니다. 예전에는 이름의 명예를 지키기 위하여 목숨을 걸었습니다. 이름이 그만큼 중요합니다. 부르는 바가 곧 그 이름이라는 말은 아담이 부르는 명칭에 따라서 사물들의 본질이 결정된다는 뜻입니다.

예를 들어보겠습니다. 여기에 용맹스럽게 생긴 사자 한 마리가 있습니다. 그런데 아담이 "쥐!"라고 부르면 그 사자가 용맹스러움을 잃고 쥐의 비겁함, 약삭빠름을 옷 입게 됩니다. 사자가 쥐처럼 된다는 말입니다.

아내를 무엇이라 부릅니까? 솥뚜껑 운전수? 네, 그러면 부르는 대로 됩니다. 남편을 무엇이라고 부릅니까? 돈 버는 기계? 네, 그러면 부르는 대로 됩니다.

한 사람의 아내요 어머니가 이렇게 말하는 것을 들었습니다. 남편은 전생에 나를 괴롭힌 철천지원수요, 그래서 그 값을 치르느라고 남편에게 쥐여 산다는 것입니다. 자녀는 전생에 내가 괴롭힌 바보라고 합니다. 그래서 자녀들이 바보짓 하면서 나를 괴롭히고 있다는 것입니다. 부르는 것이 곧 그 이름입니다. 부르는 그대로 됩니다.

그런데 하나님은 절대로 그렇게 생각하지 않으십니다. 아내는 '에쩨르', 눈에 보이지 않는 하나님으로서 돕는 배필이며 생명의 유업을 함께 받을 자라고 말씀하십니다. 남편은 가정의 제사장이라고 가르치십니다. 자녀는 내 배 아파 내가 난 자식이라고 말하지 않고, "여호와의 주신 기업이요 하나님의 상급"이라고 말합니다. 그렇게 믿고 부르십니까? 그러면 부르는 대로 됩니다.

인생을 무엇이라고 부릅니까? 내 것 가지고 내 맘대로 사는 것. 그래서 탕자처럼 자기 것을 챙겨서 세상에 나가 다 탕진해버리고 바닥인생으로 내동댕이쳐져버립니다. 그런데 성경은 "먹든지 마시든지 무슨 일을 하든지 하나님에게 영광을 돌리는 것"이 인생의 목적이라고 가르칩니다.

스스로를 무엇이라고 부르십니까? 지지리도 못난 팔자를 타고난 사람? 그러나 하나님은 결코 우리를 그렇게 부르지 않으십니다. 오히려 "택하신 족속이요 왕 같은 제사장이요 거룩한 나라요 그의 소유된 백성"이라고 부르십니다.

신앙 생활은 그저 하나님께 빌어 복을 얻는 행위가 아니라 하나님이 창조하신 사물들의 본질을 바로 배워서 올바르게 이름을 부르는 행위입니다.

어떤 사람들은, 축복권을 목사들이 가지고 있다고 생각합니다. 이것이 세 번째 오해입니다. 어떤 목사는 자신이 저주권까지 가지고 있다고 말합니다. 정말 잘못된 것입니다. 하나님은 축복권과 저주권을 각자에게 주셨습니다. 자신이 부르는 바가 곧 그 이름이기 때문입니다.

하나님은 여자들을 남자보다 더 현명하고 강한 돕는 배필 '에쩨르'로 지으셨습니다. 그리고 남자들에게는 모든 사물의 축복권과 저주권을 주셨습니다. 여러분 자신과 가정과 사업의 미래와 교회는 여러분의 손에 달렸습니다.

마지막으로 아주 중요한 사실을 살펴보겠습니다. 에덴 동산에는 노동이 있었을까요 없었을까요? 혹자는 에덴 동산은 놀고 먹는 곳으로 생각합니다. 이것이 네 번째 오해입니다. 아담의 범죄로 인하여 노동이 세상에 들어왔다고 생각하여 아담을 비난하는데, 이는 잘못된 생각입니다. 바로 이름을 지었다는 것이 노동입니다.

진우라는 학생은 서울의 명문대학에 합격한 학생입니다. 그런데 진우가 고등학교 1학년 때, 아버지는 실직하여 노숙자가 되고 어머니는 가출해버렸습니다. 그런 진우를 거둔 사람은 진우의 담임선생님이었습니다. 28개월 동안 사모님은 남의 아이를 데려다가 행여 마음이 상할까봐 조심조심 돌보았습니다. 내 자식도 키우기 어려워 버리는 세상인데 그 마음 고생은 선생님의 가족이나 진우나 마찬가지였을 것입니다. 사모님은 그 사연을 모방송국에 편지로 적어 보냈습니다. 진우에게 잘해주지 못해 미안하다는 사과와 그 어려움을 이기고 명문대학에 합격한 진우에게 고맙다는 내용의 편지였습니다. 진우가 시험 치러 떠나던 날, "그동안 돌보아 주셔서 너무나 감사합니다" 하며 선생님 내외에게 큰절을 올렸답니다. 그런데 그 선생님은 아내가 그 편지를 방송국에 보내어 아이의 이름이 알려진 것에 크게 화를 내었고 결국 이름 밝히기를 거절하였습니다.

이 훌륭한 선생님은, 교사가 무엇을 하는 직업인지 그 본질을 잘 알고 있었습니다. 다시 말해서 교사라는 이름을 제대로 부른 것입니다.

반면에 이런 선생님도 있습니다. 아이들이 가져다준 촌지를 장부에 적어 보관하는 선생님. 이런 선생님은 교사라는 이름을 제대로 부르지 못한 것입니다.

진우를 거둔 선생님은 바로 에덴 동산의 기쁨과 행복과 보람을 누렸고, 더불어 진우의 생명 또한 극대화시켰습니다. 그러나 촌지를 기록하는 선생님은, 교사라는 직업을 단순히 돈 모으는 것으로 생각하였고, 그래서 아이들을 볼 때마다 짜증스러웠으며, 촌지의 액수가 적으면 불행했습니다. 그는 바로 지옥을 산 것입니다.

에덴 동산에도 노동은 있었습니다. 무슨 일을 하느냐가 문제가 아니라 그 일을 어떻게 행하느냐가 문제입니다.

아파트 평수를 늘리기 위해서 마지못해 하는 교사 노릇은 피곤을 가중시키고 기쁨을 앗아가며 학생들의 생명의 불꽃을 꺼뜨려버립니다. 집에 가서는 배우자에게 이렇게 말할 것입니다. "당신이 능력 있으면 이런 지긋지긋한 일을 하지 않아도 되잖아!" 교사의 생명력 있는 일을 지긋지긋한 일이라고 부르는 것입니다.

부르는 바가 곧 그 이름입니다. 여러분은 남편과 아내를 무엇이라고 부릅니까?

가정을 무엇이라고 부릅니까? 직업을 무엇이라고 부릅니까?

부르는 바가 곧 그 이름입니다. 목사는 무엇이며 장로, 권사, 집사는 무엇을 의미합니까? 여러분은 성도를 무엇이라고 부릅니까?

바른 이름 짓기를 가르치기 위하여 예수님이 이 땅에 오셨습니다. 세상은 십자가를 저주라고 가르쳤습니다. 그러나 주님은 그 십자가에 달려 피를 흘리시고 그 피로 저주를 씻어주셨습니다. 그리고 십자가가 가장 큰 축복이라고 가르쳐주셨습니다.

성경을 통하여 하나님의 뜻에 합당한 바른 이름을 배우는 것이 곧 신앙 생활의 본질입니다.

3

불행의
씨앗

"여자가 그 나무를 본즉 먹음직도 하고 보암직도 하고 지혜롭게 할 만큼 탐스럽기도 한 나무인지라. 여자가 그 열매를 따먹고 자기와 함께 있는 남편에게도 주매 그도 먹은지라. 이에 그들의 눈이 밝아져 자기들이 벗은 줄을 알고 무화과나무 잎을 엮어 치마로 삼았더라"(창 3:6-7).

13

너무 쉽게 잃어버린 행복

사탄의 공격, 사탄의 유혹을
물리칠 수 있는 것은 단 두 가지입니다.
바로 '예수 그리스도의 이름' 과
'하나님의 말씀' 입니다.
이 외에는 사탄의 공격을 이기고
물리칠 수 있는 것은 이 세상에 없습니다.

The Story of
Heaven

생명의 창조자요 주관자 되시는 주 여호와 하나님 아버지.

아름다운 두 청년을 지금까지 자라게 하시고 성숙케 하사, 하나님의 깊은 경륜 가운데 두 영혼을 결합하시오니 주께 영광과 찬양과 존귀를 돌리옵나이다.

두 젊은 영혼 주 앞에 섰사오니, 우리 주 예수 그리스도께서 가나의 혼인 잔치를 축복하시며 풍요롭게 하심같이, 이 시간 친히 임재하사 생명의 손을 들어 두 사람을 축복하시고 복되고 즐거운 하나됨을 이루어주시고, 이 하나됨이 영원에까지 이르게 하옵소서.

이제 아담과 하와로서 에덴 동산의 봄을 맞이하러 들어가오니, 태초의 에덴에서 허락되었던 순결한 생명과 행복과 기쁨을 충만케 하옵소서. 하나님의 말씀에 순종하며, 금하셨던 선악과에 손을 대지 않게 하시며, 악이 두 사람 사이에 가로서지 않도록, 주여, 이들을 지켜주시옵소서. 서로 사랑하며, 서로가 서로에게 자신을 아낌없이 내어주며, 주께서 주신 생명과 시간과 능력을 마음껏 발휘하여 생명의 꽃을 활짝 피게 하사, 하나님께 영광을 돌리며, 더 큰 생명과 행복을 잉태케 하시어, 이웃들에게 사랑과 인정을 받는 두 사람이 되게 하옵소서.

여름이 오면, 두 사람을 향한 하나님의 계획을 위하여 땀 흘리게 하시되, 헛된 욕심과 허영에 눈이 팔려 그 땀이 허사가 되지 않게 하옵소서. 지칠 때 서로가 서로를 위로하게 하시고, 어려움이 닥칠 때 서로 격려하게 하시며, 괴롭고 슬플 때에도 서로를 바라보며 웃게 하옵소서. 애쓰는 사이사이에 시원한 바람 같은 여유를 주시고, 언제나 순결한 마음가짐과 꺼지지 않는 소망을 품게 하사 풍요로운 가을을 준비케 하옵소서.

가을이 오면, 넉넉하게 베풀고도 남음이 있는 풍성한 수확을 거두게 하시고 그 모든 것을 허락하신 하나님께 감사하게 하옵소서. 많다고 거만하지 않게 하시며, 없다고 비굴하지 않게 하옵소서. 더 큰 겸손과 넉넉함을 허락하사, 비례하여 두 사람의 사랑이 더 깊어지게 하시며, 이웃으로부터의 존경과 칭송의 목소리가 더욱 높아지게 하옵시며, 자녀에게는 자랑스러운 부모가 되게 하옵소서.

겨울이 오면, 부활의 소망 가운데 기쁨으로 마지막을 준비하게 하시고, 아집이나 초조함에 갇혀 외면당하지 않게 하시며, 지혜롭고 자비한 노인으로서 다른 사람에게 진리의 길과 참인생을 가르치는 자리에 앉게 하옵소서. 살아온 길을 되돌아볼 때에도 회한이 없게 하시며, 한 평생 보람 있는 인생을 살게 하신 창조주 하나님께 감사하며, 허락하신 것들을 아낌없이 나눠줄 수 있게 하옵소서.

평생 사는 동안 두 사람이 함께 살아가는 것을 기뻐하며, 서로에게 감사하게 하옵소서.

성령께서 친히 두 사람의 성벽이 되시고 울타리가 되셔서, 모든 악과 죄로부터 지켜주시고, 땅에서는 구할 수 없는 하늘의 열매를 풍성히 수확하여 하나님께 영광을 돌리게 하옵소서.

시간과 생명과 영원한 부활의 소망을 주신 우리 주 예수 그리스도의 이름으로 간절히 기도하옵나이다.

결혼식 때마다 새로 탄생하는 부부에게 드리는 저의 기도문입니다.

아담과 하와, 그러니까 부부는 하나님 다음으로 중요한 존재입니다. 타락 이전以前을 경험한 유일한 존재이기 때문입니다. 그래서 수많은 남자와 여자 들 중에서, 아담과 하와가 만나면 타락 이전으로 돌아갑니다. 가만히 생각해보십시오. 정말 사랑하는 사람을 만나면 무엇이든 주려고 하고, 그 사람으로부터 거절당할 때 가장 마음 아파합니다.

결혼을 앞둔 두 사람에게 반드시 물어보는 것이 있습니다.

형제에게는 "어머니와 아내가 물에 빠졌을 때, 꼭 한 사람만 건지라면 누구를 건지겠습니까?"라고, 자매에게는 "남편과 아이가 물에 빠졌을 때, 꼭 한 사람만 건지라면 누구를 건지겠습니까?"라고 묻습니다. 이 질문을 받은 두 사람은 머뭇거리게 마련입니다.

저는 이렇게 말합니다. "아내는 남편을, 남편은 아내를 건지십시오. 그렇지 않다면 이 결혼은 해보나마나입니다." 대단히 충격적인 말 같으나 하나님의 뜻에 온전히 부합된 것입니다. 아담과 하와는 타락 이전을 경험한 유일한 존재이며, 두 사람 사이에서 흐르는 그 사랑으로 온 세상이 에덴으로 확장되기 때문입니다.

"강이 에덴에서 흘러 나와 동산을 적시고 거기서부터 갈라져 네 근원이 되었으니"(창 2:10).

부모에 대한 효도나 자녀 사랑 이전에 부부 사랑이 먼저입니다. 시간이 지나 서로에게 말합니다. "속았다." 그러나 그것은 '속은 것'이 아니라, '타락한 것'입니다.

창세기 1장에서는 하나님이 천지를 창조하신 내용, 그리고 2장에서는 아담과 하와가 에덴 동산에서 하나님과 더불어 안식을 누리는 타락 이전의 상태를 보여주고 있습니다. 그런데 3장에서 벌써 아담과 하와의 타락이 시작되고 있습니다. 너무나 짧아서 아쉬운 행복입니다.

에덴 동산에 관한 기록인 창세기 2장은, 짧지만 에덴 동산을 회복할 수 있는 하나님의 지혜와 경륜이 담겨 있습니다. 25절 분량의 말씀으로도 모든 복잡한 문제를 풀 수 있다는 것입니다. 사실 성경의 길고 복잡한 이야기도 창세기 2장의 회복을 위한 것입니다.

먼저 사탄이 누구인지 정확히 알아야 합니다. 사탄은 인간보다 훨씬 더 강력하고 지혜롭습니다. 인간을 파괴하기 위하여 무엇을 어떻게 해야 하는지 너무나 잘 알고 있습니다. 얼마나 간교한지, 하나님이 공들여 세우신 에덴 동산과 아담과 하와를 단 한 마디의 질문으로 파괴해버립니다.

사탄은 하와에게 이런 질문을 던집니다. "하나님이 참으로 너희더러 동산 모든 나무의 실과를 먹지 말라 하시더냐?" 합니다.

이 첫 질문부터 거짓입니다. 하나님은 모든 나무의 실과를 먹으라고 하셨습니다. 단 선악을 알게 하는 나무의 실과만을 금지하셨습니다. 이미 이 질문에 함정이 있습니다.

그런데 하와는 이렇게 대답합니다. "동산 중앙에 있는 나무의 열매는 하나님의 말씀에 너희는 먹지도 말고 만지지도 말라. 너희가 죽을까 하노라 하셨느니라"(창 3:3).

언뜻 들으면 하나님이 하신 창세기 2장 16-17절의 말씀처럼 들립니다. 하나님은 이렇게 말씀하셨습니다. "여호와 하나님이 그 사람에게 명하여 이르시되 동산 각종 나무의 열매는 네가 임의로 먹되 선악을 알게 하는 나무의 열매는 먹지 말라. 네가 먹는 날에는 반드시 죽으리라 하시니라."

하나님이 하신 말씀과 하와의 대답 사이에는 엄청난 차이가 있음을 알 수 있습니다.

첫째, 하나님은 '선악을 알게 하는 나무'의 열매만 금하셨는데, 하와는 '동산 중앙에 있는 나무'의 열매라고 하였습니다. 동산 중앙에는 하나님의 사랑을 상징하는 생명나무와 하나님의 공의를 상징하는 선악을 알게 하는 나무가 있었습니다. 그런데 생명나무의 실과는 먹고 선악을 알게 하는 나무의 열매는 먹지 말라 하셨습니다. 깊이 생각해보십시오. 하와의 대답을 통해서 가장 먼저 거부되는 것이 바로 '하나님의 사랑'입니다.

둘째, 하나님은 "먹지 말라" 하셨습니다. 그러나 하와는 "먹지도 말고 만지지도 말라" 하셨다고 대답합니다.

이러한 하와의 대답을 볼 때마다 생각나는 것이 있습니다. '신앙 생활의 과장'입니다. 겉으로 보면, 하나님의 말씀을 철저히 신봉하는 것 같습니다. 그러나 과장된 부분이 많이 있습니다. 최고의 과장은 유대인들의 율법입니다. 십계명을 2,134개로 확대 과장해 놓았습니다. 오늘날 기독교에서도 수많은 과장을 발견할 수 있습니다. 자신은 철저한 신앙인으로, 만지지도 않고 먹지도 않는다며 자랑하는 사람들이 대단히 많습니다. 경건의 모양은 지나칠 정도로 갖추었으나 진정한 경건의 능력은 결여되어 있습니다.

셋째, 하나님은 한 사람을 지칭하는 단수 '너'에게 말씀하셨습니다. "네가 먹는 날에는 반드시 죽으리라 하시니라"(창 2:17). 그러나 하와는 여러 사람을 지칭하는 복수, '너희'라는 말을 쓰고 있습니다. "하나님에게는 손자가 없다"는 말이 있습니다. 하나님은 한 사람 한 사람을 직접 상대하십니다. 그리고 부모와 자녀의 관계를 맺습니다. 그리고 '너희'가 아닌, '나'에게 명령하십니다.

현대 신앙 생활에서 가장 큰 문제는 다수 속에 나를 숨겨버린다는 점입니다. 현대 그리스도인들이 가장 선호하는 단어는 '익명성'입니다. 대형교회에서 나를 숨기고 예배만 참석하고는 조용히 사라집니다. 그런 식의 신앙 생활로는 성장을 기대할 수 없습니다.

신앙은 취미가 아니며, 장식물이 아닙니다. 신앙은 생명입니다.

생명의 가장 큰 특징은 성장입니다. 참신앙이 생명이라면 반드시 성장해야 하며, 삶으로 표현되어야 합니다.

마지막으로 보아야 할 것이 있습니다. 하나님은 "정녕 죽으리라"고 말씀하셨습니다. "You should die." 반드시 100% 죽는다는 것입니다. 그런데 하와는 "죽을까 하노라"고 대답합니다. "You may die." 확률은 반반으로, 살 수도 죽을 수도 있다는 것입니다.

드디어 사탄은 원하고 기다리던 답을 얻어냈습니다. 사탄은 단호히 대답합니다. "너희가 결코 죽지 아니하리라You never die."

하나님의 말씀이 완전히 뒤집혀버렸습니다. 하나님의 말씀이 뒤집히자, 그 순간 하와와 아담은 사탄의 손아귀에 들어가고, 사탄은 그들을 마음대로 끌고 갈 수 있게 되었습니다. 사탄은 얼마나 영악스럽고 간교한지, 무엇을 무너뜨려야 하는지를 너무도 잘 알고 있습니다.

웬만해서는 사탄의 궤계와 올무를 알아챌 수 없습니다. 그러므로 우리는 하나님의 말씀 위에 바로 서야 합니다. 하나님의 말씀을 대충 알아서는 안 됩니다. 하나님은 아담과 하와에게 단 하나의 명령을 주셨을 뿐인데, 그들은 그 말씀을 정확하게 심령에 새기지 못했습니다. 그 말씀을 대충대충 이해했습니다. 그만큼 쉽게 무너져버린 것입니다.

예수 그리스도를 생각해보십시오. 세례를 받으신 후에 성령에 이끌리어 광야로 나가셨습니다. 40일 동안 금식하셨습니다. 인간이 견딜 수 있는 가장 극한 상황에 처했습니다. 그러자 사탄이 나타납니다. 굶주린 예수님께 말합니다. "네가 만일 하나님의 아들이어든, 이 돌들에게 명하여 떡덩이가 되게 하라."

사탄은 하와에게나 예수님에게나 가장 먼저 '먹는 문제'를 들고 나왔습니다. 우리도 먹는 문제로 유혹당합니다. 남들보다 더 잘 먹겠다는 탐욕을 사탄은 가장 먼저 부추깁니다. 하와는 넘어갔고, 모든 사람들도 바로 이 탐욕에 넘어가버립니다. 그러나 우리 주님은 이렇게 물리치셨습니다.

"기록되었으되 사람이 떡으로만 살 것이 아니요 하나님의 입으로부터 나오는 모든 말씀으로 살 것이라 하였느니라"(마 4:4). 이것은 신명기 8장 3절 말씀을 가감없이 인용한 것입니다.

그러자 사탄은 더 큰 것으로 유혹합니다. 예수님을 이끌고 순식간에 천하만국의 영광을 보여주며 말합니다. "이 모든 권위와 그 영광을 내가 네게 주리라. 이것은 내게 넘겨 준 것이므로 내가 원하는 자에게 주노라. 그러므로 네가 만일 내게 절하면 다 네 것이 되리라"(눅 4:6-7). 모든 권세와 영광을 절 한 번에 얻을 수 있다는 제안입니다.

예수님은 이렇게 말씀하십니다. "기록된 바 주 너의 하나님께 경배하고 다만 그를 섬기라 하였느니라"(눅 4:8). 신명기 6장 13절 말씀의 정확한 인용입니다.

그러자 사탄은 마지막 공격을 합니다. 예수님을 예루살렘 성전 꼭대기에 세우고 이렇게 말합니다. "네가 만일 하나님의 아들이어든 여기서 뛰어내리라. 기록되었으되 하나님이 너를 위하여 그 사자들을 명하사 너를 지키게 하시리라 하였고 또한 그들이 손으로 너를 받들어 네 발이 돌에 부딪치지 않게 하시리라 하였느니라"(눅 4:9-11).

사탄이 얼마나 간교한지가 이 제안에서 드러납니다. 사탄도 하나님의 말씀을 인용하고 있다는 점입니다. "기록되었으되…" 시편 91편 12절 말씀의 교묘한 인용입니다.

성도들에게 가해지는 마지막 공격도 종교적인 모습으로 위장되어 있음을 잊지 말아야 합니다. 무대는 거룩한 성전이요, 인용되는 것은 하나님의 말씀입니다. 안 넘어갈 사람이 없습니다.

예수님은 사탄의 최후의 공격도 똑같은 방법으로 물리치셨습니다. "이르시되 주 너의 하나님을 시험하지 말라 하였느니라"(눅 4:12). 신명기 6장 16절의 말씀입니다. 이 말씀 또한 가감 없는 정확한 인용입니다. 그러자 사탄은 더 이상 공격할 힘을 잃고 물러나버렸습니다.

사탄의 공격, 사탄의 유혹을 물리칠 수 있는 것은 단 두 가지입니다. 바로 '예수 그리스도의 이름'과 '하나님의 말씀'입니다. 이 외에는 이 세상에 사탄의 공격을 이기고 물리칠 수 있는 것이 없습니다. 무엇보다도 그리스도를 사랑하는 자, 성경을 사랑하는 자가 되십시오.

14강 | 창세기 3:4-6

사탄에게 놀아나지 않기

사탄의 마음은 간단합니다.
끝도 없이 높아지려는 것입니다.
그래서 사탄의 존재 목적은,
모든 것들을 자신의 발 아래 두는 것입니다.
모든 것을 자신의 발 아래 두기 위해서는
상대방을 파괴해야 하고,
자연히 거짓말을 해야 합니다.

The Story of
Heaven

하나님의 최대 실수가 무엇인지 아십니까?

아담과 하와를 유대인으로 만들었다는 것입니다. 아담과 하와를 한국 사람으로 만드셨다면, 누구보다도 에덴 동산을 잘 지켰을 것입니다. 뱀이 뭐라 유혹해도 얼른 잡아서 몸보신을 했을 것이기에, 에덴 동산에는 그 어떤 뱀도 남아나지 않았을 것입니다.

사탄은 정말 존재할까요, 아니면 허구의 존재일까요?

C. S. 루이스Lewis는 사람들이 사탄에 대해 취하는 대단히 잘못된 태도 두 가지를 지적하고 있습니다.

첫째, 사탄의 존재를 부인하는 태도입니다. "그건 허구의 존재야. 21세기에 무슨 사탄이니 귀신이니 그런 소릴 해?" 그렇게 무관심하면 사탄은 마음 놓고 활개를 칩니다. 그리고 자신도 모르는 사이에 사탄에게 놀아납니다.

둘째, 사탄이나 귀신에 대한 과도한 관심입니다. "그런 존재가 정말 있는 것 같아." 그러고는 찾아다닙니다. 사주팔자, 점괘, 무당, 점쟁이, 오늘의 운세, 부적, 별점, 타로 점 등에 관심을 보입니다. 그리고 신봉하게 됩니다. 제 발로 사탄의 수하에 들어가는 것입니다.

성경은 사탄에 대해 무엇이라고 말할까요?

성경은 사탄의 기원에 대해서는 아주 간단하게 언급할 뿐입니다. 사탄의 몇 가지 명칭과 행태들이 기록되어 있습니다. 사탄의 존재를 확실히 인정하면서도, 동시에 과도한 관심을 견제하고 있습니다. 성경의 기록만으로 충분하다는 것입니다.

먼저 그 기원입니다. 이사야서 14장 12절 이하에 이런 기록이 있습니다.

"너 아침의 아들 계명성이여 어찌 그리 하늘에서 떨어졌으며 너 열국을 엎은 자여 어찌 그리 땅에 찍혔는고. 네가 네 마음에 이르기를 내가 하늘에 올라 하나님의 뭇 별 위에 내 자리를 높이리라. 내가 북극 집회의 산 위에 앉으리라. 가장 높은 구름에 올라가 지극히 높은 이와 같아지리라."

아침의 아들 계명성은 '루시퍼'를 말합니다. 루시퍼는 천사장天使長으로 창조되었습니다. 성경에 등장하는 다른 천사장의 이름으로는 '가브리엘'이 있습니다.

천사에 대하여 성경은 단지 그 존재 목적과 수행한 일들에 대해 잠깐 언급할 뿐입니다. "모든 천사들은 섬기는 영으로서 구원받을 상속자들을 위하여 섬기라고 보내심이 아니냐"(히 1:14).

구원받을 상속자들은 인간을 말합니다. 인간을 섬기라고 보낸 존재들이 천사입니다. 사탄과 마찬가지로, 천사에 대한 잘못된 인식은 천사 숭배와 같은 어리석은 일을 하게 합니다. 자기보다 힘이 세다고, 주인 아들이 머슴을 섬기는 꼴과 전혀 다를 바가 없습니다.

천사장 루시퍼가 다른 마음을 품습니다. "하늘에 올라 하나님의 뭇 별 위에 내 자리를 높이리라." 즉, 높아지리라고 마음먹은 것입니다. 여기서 만족하지 못하고 "가장 높은 구름에 올라가 지극히 높은 이와 같아지리라" 합니다. 창조주 하나님과 한번 겨루어보겠다는 것입니다.

사탄의 마음은 간단합니다. 끝도 없이 높아지려는 것입니다. 그래서 사탄의 존재 목적은, 모든 것들을 자신의 발 아래 두는 것입니다. 수단과 방법을 가리지 않습니다. 모든 것을 자신의 발 아래 두기 위해서는 상대방을 파괴해야 하고, 자연히 거짓말을 해야 합니다. 예수님은 사탄의 존재를 한마디로 표현하십니다. "거짓의 아비"(요 8:44).

성경에 기록된 사탄의 명칭들은 그가 누구인지를 단적으로 드러냅니다.

"밤낮 참소하는 자"(계 12:10). 남의 약점이나 잘못을 들춰내서 고자질합니다. 남을 파괴합니다. 가장 무서운 것은 자기 자신을 스스로 참소하는 것입니다. 바로 죄책감입니다. 그 결과 자기 자신을 파괴합니다. 모두 사탄에게 놀아나고 있는 것입니다.

"말씀을 빼앗는 자"(막 4:15). 하나님의 말씀을 믿지 못하도록 만듭니다. 그래야 사탄이 마음대로 휘두를 수 있기 때문입니다.

그 외에 "시험하는 자"(마 4:2), "속이는 자", "멸망시키는 자" 등이 있습니다.

스캇 펙Scott Peck 박사는 《거짓의 사람들》이라는 책에서, 사탄을 비존재非存在, Non-Being로 규정하고 있습니다. 비존재란, 사탄이 존재하지 않는다는 말이 아니라, 절대로 사람에게 직접 해를 입히지 못하는 존재라는 뜻입니다. 사탄은 직접 사람에게 해를 끼치지 못함을 잘 알고 있으므로, 인간 스스로 하나님의 말씀을 뒤집도록 교묘하게 유도하고, 다른 사람을 해치도록 꼬드깁니다.

"반드시 죽으리라"라는 하나님의 말씀이 "죽을까 하노라"라는 사람의 말로 바뀌자마자 사탄은 "결코 죽지 아니하리라"라고 뒤집어 버렸습니다. 그러자 순식간에 하와는 사탄의 하수로 전락합니다.

사탄은 하와를 한층 더 부추깁니다. "너희가 그것을 먹는 날에는 너희 눈이 밝아져 하나님과 같이 되어 선악을 알 줄 하나님이 아심이니라"(창 3:5). 그 말을 들은 하와가 눈을 들어서 과일을 보니, "먹음직도 하고 보암직도 하고 지혜롭게 할 만큼 탐스럽기도 한" 과일로 보였습니다. 그리고 손을 내밀어 하나님이 그토록 금하셨던 과일을 따먹고 맙니다. 그랬더니 무슨 일이 일어났습니까?

"그들의 눈이 밝아져 자기들이 벗은 줄을 알고 무화과나무 잎을 엮어 치마로 삼았더라"(창 3:7).

선악과를 따먹자 정말 놀라운 일이 벌어졌습니다. 사탄의 말대로 실제로 눈이 밝아진 것입니다. 그렇다면 사탄의 말이 맞다는 것입니까?

영어에서 seemingly라는 말이 있습니다. seemingly라는 것은 실제로 그렇지 않은데 겉으로는 그렇게 보인다는 말입니다. 선악과가 그랬습니다. 먹음'직' 하고 보암'직' 하며 지혜롭게 할 것처럼 '보인 것'이지 실제로 그런 것은 아닙니다.

사탄의 첫 번째 목표는, 사람들을 하나님의 대적자로 만드는 것입니다. "그것을 먹는 날에는 너희 눈이 밝아 하나님과 같이 되어 선악을 알게 된다"고 말합니다.

모든 사람들이 각자 하나님이 되어서 살아갑니다. 각자의 삶의 기준이 있습니다. 그리고 선악을 판단하는 기준도 나름대로 다 다릅니다. 그 결과가 무엇입니까? 혼돈混沌입니다. 서로 다 하나님이니까 절대로 물러서지 않습니다.

가장 큰 문제는 지혜와 능력이 없는 사람이 하나님 노릇을 한다는 데 있습니다. 스스로 하나님이 된 줄 알고 사탄의 교묘한 조종에 의해 놀아나고 있습니다. 그렇게 모든 사람이 사탄의 손아귀에 완전히 장악되어 놀아나고 있습니다.

사탄의 두 번째 목표는, 겉으로 드러난 모습에 온 생명과 에너지를 쏟게 하는 것입니다.

아담과 하와가 눈이 밝아졌습니다. 그 밝아진 눈으로 무엇을 보았습니까? 자신들의 겉모습, 외모, 육체입니다.

외국에 나가 명품 옷과 핸드백을 무더기로 사옵니다. 명품의 이름을 빌어 텅 빈 자기 자신을 은폐하며 외모를 돋보이게 만들려는 집단적인 몸부림입니다. 이러한 현상들이 바로 육체, 외모, 겉모양에 치중하는 타락의 적나라한 모습입니다. 온 나라가 사탄이 가라는 곳으로 움직입니다. 얼마나 많은 에너지가 겉으로 드러난 모습을 위해 탕진되는지 이루 말로 다 할 수 없을 정도입니다.

타락이 얼마나 심각한 것인지 보여주는 구절이 6절 말씀 후반부에 있습니다. "여자가 그 열매를 따먹고 자기와 함께 있는 남편에게도 주매 그도 먹은지라." 바로 '죄의 전염성'입니다. 죄가 무서운 것은 반드시 다른 사람들을 끌어들인다는 점입니다.

영혼이 병든 부모는 자녀도 병들게 합니다. 죄의 '전염성'입니다. 이것을 성경은 '원죄'라고 합니다. 성경은 죄를 누룩에 비유하는데, 한 숟가락의 누룩이 반죽 전체를 변질시킵니다. 아무리 사소한 죄라 할지라도, 더 깊은 수렁에 빠져버리는 것이 필연이고 정해진 수순입니다.

심화되는 죄의 심각성을 무화과 잎을 엮어 치마로 삼았다는 말로 표현하고 있습니다. 무화과 잎을 엮어 치마로 삼았다는 것은 '죄의 은폐'를 말합니다. 사탄은 죄 지은 사람들로 하여금 죄를 은폐하도록 부추깁니다. 손바닥으로 하늘을 결코 가릴 수 없습니다. 그런데 사탄은 가릴 수 있다고 부추깁니다. 그래서 그 죄를 은폐하기 위해서 또 다른 거짓, 또 다른 죄를 낳게 합니다.

앞에서 언급한 스캇 펙 박사는 이런 말을 합니다. "사탄의 존재 목적은 오직 파괴이며, 그의 존재 양식은 은폐다."

그 속도가 얼마나 빠르고 엄청난지 마치 도미노 게임과 같습니다. 죄의 전염과 은폐를 통하여 하나님의 아름다운 창조물인 세상이 순식간에 사탄의 손아귀에 들어가버렸습니다.

광야에서 예수님을 시험한 사탄이 의미심장한 말을 합니다. "이르되 이 모든 권위와 그 영광을 내가 네게 주리라. 이것은 내게 넘겨준 것이므로 내가 원하는 자에게 주노라"(눅 4:6).

"내게 넘겨준 것이므로." 하나님은 결코 사탄에게 권세와 영광을 넘겨주신 적이 없습니다. 누군가에 의해서 사탄에게 넘겨졌다는 것입니다. 그가 누구일까요? 바로 사람들입니다. 코끼리가 아무리 무거운 것을 들어 올려도 금메달을 주지 않습니다. 그러나 장미란 선수에게는 금메달이 주어집니다. 영광을 창출하였기 때문입니다. 인간은 하나님의 형상을 가진 존재, 하나님의 자녀들입니다. 하나님은 오직 인간에게만 권세와 영광을 주셨는데 우리는 그것을 사탄에게 헌납해버린 것입니다. 그것도 속아서, 아무런 대가도 없이.

언제 권세와 영광을 사탄에게 넘겨줍니까?

예수님이 이런 말씀을 하셨습니다. "너희가 서로 영광을 취하고 유일하신 하나님께로부터 오는 영광은 구하지 아니하니 어찌 나를 믿을 수 있느냐"(요 5:44).

서로 영광을 취하는 일이 무엇일까요? 어떤 사람이 성공하여 고향을 위해 큰돈을 기부했습니다. 대단한 일이라고 사람들이 칭송을 합니다. 그래서 그를 국회의원으로 뽑았습니다. 그는 회심의 미소를 감추며 겸손한 척 가장합니다. 이제 권력을 가졌습니다. 그 힘을 고향을 발전시키고 나라를 위하는 데 써야 하는데, 자신의 치부와 일신영달을 위해서 씁니다. 그래도 사람들은 그가 없으면 고향이 발전할 수 없다고 생각하고 그를 높입니다. 서로 영광을 취하는 일입니다. 이런 일들은 인간사에서 너무나 흔한 일입니다.

어떤 일을 하고는 생색을 냅니다. 허나 사람들이 알아주지 않으면 마음이 상합니다. 영광을 취하려는 마음이 충족되지 않았기 때문입니다. 사람들이 알아주면 목에 힘이 들어갑니다. 그때마다 엄청난 일이 일어납니다. 사람들이 애써 이룩한 영광이 그때마다 사탄에게 넘어가는 것입니다.

그래서 사탄의 궤계를 꿰뚫고 있는 사도 바울은 이런 말을 합니다. "우리의 씨름은 혈과 육을 상대하는 것이 아니요 통치자들과 권세들과 이 어둠의 세상 주관자들과 하늘에 있는 악의 영들을 상대함이라"(엡 6:12).

우리가 왜 "먹든지 마시든지 무엇을 하든지 다 하나님의 영광을 위하여 하라"(고전 10:31)라고 하는 이유가 바로 여기에 있습니다. 하나님의 영광을 위하여 우리가 살아갈 때 사탄에게 넘겨준 권세와 영광을 비로소 되찾을 수 있습니다. 하나님을 몸과 마음과 정성을 다하여 사랑하는 것을 제1계명으로 삼으라 하신 것은, 하나님이 영광을 받기 위함이 아닙니다. 하나님은 우리의 충성과 사랑을 필요로 하는 분이 아닙니다. 그럼에도 그런 명령을 내린 이유는, 나와 하나님 사이를 사탄이 비집고 들어오지 못하게 하기 위함입니다.

세상의 구조는 이렇습니다.

하나님은 '사랑과 진리'로 나를 통해 '창조'해가십니다. 사탄은 '거짓과 증오'로 나를 통해 '파괴'해나갑니다. 그러므로 하나님이 지시하시는 방향과 사탄이 가리키는 방향은 정반대입니다.

하나님은 중심을 향하라 하십니다. 그러나 사탄은 외모에 치중하게 합니다. 하나님은 속사람이 변화되기를 원하십니다. 그러나 사탄은 겉사람을 꾸미고 위장하라고 부추깁니다. 하나님은 영혼의 건강에 관심을 가지라 하십니다. 그러나 사탄은 육체의 건강이 전부라고 합니다. 하나님은 고난 속으로 가라 하십니다. 그러나 사탄은 편안함을 추구하라고 합니다. 가장 결정적인 차이는 이것입니다. 하나님은 낮아지라 하십니다. 그러나 사탄은 높아지라 합니다.

"너희 안에 이 마음을 품으라. 곧 그리스도 예수의 마음이니 그는 근본 하나님의 본체시나 하나님과 동등됨을 취할 것으로 여기지 아니하시고 오히려 자기를 비워 종의 형체를 가지사 사람들과 같이 되셨고 사람의 모양으로 나타나사 자기를 낮추시고 죽기까지 복종하셨으니 곧 십자가에 죽으심이라"(빌 2:5-8).

예수님은 하나님과 똑같이 높으신 분입니다. 그런데 사람으로 낮아지셨고, 사람 중에 종으로 낮아지셨으며, 나아가서는 인간이 가장 저주스럽고 비천하다고 여기는 십자가에까지 낮아지셨습니다. 그런데 그 결과가 무엇입니까? 하나님은 끝없이 낮아지셨던 예수님을 가장 높이셨습니다.

"이러므로 하나님이 그를 지극히 높여 모든 이름 위에 뛰어난 이름을 주사 하늘에 있는 자들과 땅에 있는 자들과 땅 아래에 있는 자들로 모든 무릎을 예수의 이름에 꿇게 하시고 모든 입으로 예수 그리스도를 주라 시인하여 하나님 아버지께 영광을 돌리게 하셨느니라"(빌 2:9-11).

그러면 스스로 높아지려는 사탄은 어떻게 될까요? "그러나 이제 네가 스올 곧 구덩이 맨 밑에 떨어짐을 당하리로다"(사 14:15). 사탄은 가장 낮은 자리, 단지 죽음의 자리가 아니라 구덩이의 맨 밑에 던져지는 신세가 됩니다. 즉 무저갱에 던져지는 신세가 됩니다.

예수님은 가장 낮은 모습으로, 가장 초라하고 소박한 모습으로 다가오십니다. 그러고는 "십자가를 지라! 오히려 고난의 길을 함께 가자"고 하십니다. 그 길은 가시밭길처럼 보입니다. 그러나 생명의 길이요 창조의 길입니다.

　"도둑이 오는 것은 도둑질하고 죽이고 멸망시키려는 것뿐이요 내가 온 것은 양으로 생명을 얻게 하고 더 풍성히 얻게 하려는 것이라"(요 10:10).

15

죄가 뭐예요?

죄 지은 사람들의 피할 수 없는 특징은
첫째, 아무리 벗어나려 해도
두려움을 떨쳐버릴 수 없는 것,
둘째, 본능적으로 자신을 은폐하고
숨기려는 의도가 있는 것,
셋째, 자기 자신을 끝없이 합리화하며
남에게 책임을 전가하는 것입니다.

The Story of
Heaven

'금의환향錦衣還鄕'은 꿈의 실현이 아니라 인생의 파멸입니다.

　한나라 고조 유방은 "힘은 산을 들어 올리고 기운은 세상을 연다"고 불리던 초패왕 항우의 적수가 되지 못했습니다. 마침내 유방을 물리치고 진나라의 옛 도읍 함양에 입성한 항우는 무소불위의 권력을 휘두르며 백성들을 괴롭혔습니다. 어느 날, 그는 조정 대신들을 모아놓고 함양을 떠나 자신의 고향인 팽성으로 도읍을 옮기겠노라 폭탄 선언을 했습니다. 그러자 충신 한생이 "왜 최적의 도읍인 함양을 버리고 촌구석으로 옮기려 하시나이까?"라고 목숨을 건 충언을 했지만 항우는 오히려 역정을 냈습니다.

　"길에 나가보니, '부귀를 얻었는데, 고향으로 돌아가지 않으면 비단옷을 입고 밤길을 가는 것과 무엇이 다르랴?'는 노래가 있었다. 이 노래가 바로 나를 두고 한 것이 아니겠는가?"

그러곤 한생을 끓는 가마솥에 넣어 죽이고는 '금의환향'의 길을 택합니다. 항우는 전략 요충지 함양을 힘 들이지 않고 얻어 천하를 취했지만, 멋진 고향 방문 한 번에 천하를 잃게 된 것입니다. 항우가 들었다는 그 노래는 그의 허영심을 부추기기 위해 유방의 전략 참모 장량이 고의로 퍼뜨린 노래로 밝혀졌습니다. 육안으로만 보는 사람은 겉으로 드러난 화려함을 추구합니다. 그리고 그 끝은 파멸입니다.

그런데 불행히도 선악을 알게 하는 나무의 열매를 먹은 아담과 하와는 그저 육안으로 자신들의 벗은 몸을 보았고, 자신의 부끄러운 모습을 가리기 위하여 무화과 잎으로 치마를 엮어 허리에 둘렀습니다. 그러나 반나절이면 무화과 잎은 시들어버립니다. 자신의 죄를 도저히 가릴 수 없습니다.

그런데도 사람들은 생각합니다. '다른 사람들은 분명히 모를 거야.' 그리하여 계속해서 자신의 죄를 은폐할 방도를 강구합니다. 이렇게 귀한 생명과 시간이 죄의 은폐 방법을 찾는 데 허비되어버립니다. 사람들은 그럴듯한 말과 표정으로 자신을 위장하고, 더 깊은 어둠 속으로 자신을 숨겨버립니다.

"악을 행하는 자마다 빛을 미워하여 빛으로 오지 아니하나니 이는 그 행위가 드러날까 함이요"(요 3:20). 사도 요한의 진단입니다.

하나님이 금하신 선악을 알게 하는 나무의 열매를 따먹고 무화과 잎사귀로 자신의 죄를 가린 아담과 하와 앞에, 하나님이 나타나십니다. 때는 "바람이 불 때"(창 3:8)였습니다.

하나님은 범죄의 어두운 흥분이 가라앉아 차분해지기를 기다리셨던 것입니다. 아담과 하와에게 생각할 시간을 주신 것입니다. 이 두 사람이 놀라지 않도록 그들의 죄를 짐짓 모른 척 뒷짐을 지고 동산을 어슬렁거리시는 인자하신 할아버지의 모습입니다. 그러나 아담과 하와는 하나님의 발자국 소리를 듣고 화들짝 놀라며 숲 속으로 몸을 잽싸게 숨겼습니다. 하나님은 조용히 아담을 부르십니다.

"아담아 네가 어디 있느냐?"

하나님의 낯은 도저히 피할 수 없는 법. 아담은 머리를 조아리며 하나님 앞에 섰고 입을 열어 다음과 같이 대답합니다. "내가 동산에서 하나님의 소리를 듣고 내가 벗었음으로 두려워하여 숨었나이다"(창 3:10).

아담의 이 대답을 분석해볼 필요가 있습니다. 이 대답에는 숨은 의미가 있습니다.

첫째는 '두려움'입니다. 죄는 반드시 두려움을 낳습니다. 이것은 필연必然입니다. 단순히 죄가 들통 나서 망신을 당할까봐, 벌을 받을까봐 두려운 것이 아닙니다. 죄가 두려움을 낳는 것은 더 깊은 영적인 이유가 있습니다.

귀여운 아기가 아장아장 걷고 있습니다. 한순간 그 귀엽던 얼굴이 두려움과 걱정으로 어두워지며 울기 시작합니다. 그 이유는 엄마가 보이지 않기 때문입니다. 똑같은 이유입니다. 우리는 하나님이 우리의 영적 부모임을 무의식적으로는 알고 있습니다. 그런데 타락한 눈으로는 아무리 둘러봐도 하나님이 보이지 않습니다. 그래서 두려워지고 무서워집니다. 이것이 바로 '실존적 두려움'입니다. 타락한 인간들이 겪을 수밖에 없는 것입니다. 이 실존적 두려움을 완화시키거나 망각하기 위하여 인류는 수많은 것을 발명했습니다. 마약, 술, 담배, 도박, 폭력, 미신, 향락 산업, 수행과 종교 철학 등등. 그러나 하나님을 다시 찾기 전에는 이 실존적 두려움에서 결코 벗어날 수 없습니다.

둘째, 죄가 무서운 것은 본질을 보지 못한다는 점입니다. 아담과 하와는 그늘에 몸을 숨겼습니다. 그러나 "벗었으므로" 두려워 숨은 것이 아니라, 하나님의 "명령을 거역하였으므로" 두려웠던 것입니다. 사탄은 중심을 보는 눈마저 가려버렸습니다. 실패의 진짜

원인을 보지 못하게 만듭니다. 실패의 원인을 바로 알면, 회복하는 것은 그다지 어려운 일이 아닙니다.

본질을 빗나간 아담의 대답에 하나님이 다시 조용히 물으십니다. "누가 너의 벗었음을 네게 알렸느냐. 내가 네게 먹지 말라 명한 그 나무 열매를 네가 먹었느냐"(창 3:11).

이 말씀을 하시는 하나님 음성의 톤은 어땠을까요? 진노하셨을까요, 아니면 부드러웠을까요? 하나님의 관심은 징계에 있지 않습니다. 살리는 데 있습니다. 하나님은 오직 생명의 창조와 생명의 성장에 관심을 두고 계십니다. 치유와 변화와 성장이 하나님의 주요 관심사입니다. 그러므로 아담을 찾고 물으시는 하나님의 목소리는 부드러웠습니다.

그 순간 아담이 "네 하나님, 사실은 하나님이 금하신 실과를 제가 먹었습니다. 정말 잘못했습니다. 용서해주세요"라고 말했다면 에덴 동산을 상실하지 않았을 것입니다.

현재 아담은 타락이냐 구원이냐의 갈림길에 놓여 있습니다. 그런데 사탄은 아담의 귀에 대고 끊임없이 속삭입니다. "따먹었다고 시인하면 끝장이다. 하나님이 뭐라고 하셨는지 알지? 따먹는 날에는 반드시 죽으리라 하셨어. 100% 죽는다는 말이야." 그 말을 들은 아담의 눈에는 사랑의 하나님은 보이지 않고, 진노의 하나님,

심판의 하나님, 무서운 하나님만 보였습니다. 어떻게 해서든지 심판은 피해야 한다는 생각에 사로잡힌 아담이 대답합니다.

"하나님이 주셔서 나와 함께 있게 하신 여자 그가 그 나무 열매를 내게 주므로 내가 먹었나이다"(창 3:12).

이 대답이 얼마나 가슴 아픈 것인지 깨달아야 합니다. 이 대답에는 타락의 가장 추한 최종적인 모습이 모두 담겨 있습니다.

아담이 잠에서 깨어 하와를 처음 보았을 때, 그는 너무나 기뻐서 "뼈 중의 뼈요 살 중의 살이라"고 외쳤습니다. 자신보다 더 소중한 존재라는 뜻입니다. 그런데 지금 자신의 죄를 은폐하기 위하여 "뼈 중의 뼈요, 살 중의 살"인 하와에게 모든 잘못을 전가하고 있습니다.

죄의 최종적인 모습은 '책임 전가'입니다.

책임 전가는 끝이 없습니다. 아담은 가장 먼저 하나님께 책임을 전가합니다. "하나님이 주셔서"라고 말하면서…. 나는 별로 원하지 않았는데 하나님이 주셔서 하와가 나왔고, 그래서 일이 이렇게 꼬이게 되었다는 것입니다.

"내가 이 모양인 것은 하나님이 이렇게 만들었기 때문이야." 흔히 듣는 말입니다. 하나님을 모르는 사람들은 '조상 탓, 부모 탓'으로 돌립니다. 심지어 탓할 대상을 찾지 못하면 '세상 탓'으로 돌럽니다.

아담은 이어서 "나와 함께 있게 하신 저 여자"에게 책임을 전가합니다. 내 잘못은 없습니다. 저 여자가 선악을 알게 하는 열매를 주었기 때문입니다.

그리고 "그 열매를 내게 주므로"라고 말합니다. "그 열매, 하나님이 이 선악을 알게 하는 나무의 열매를 왜 만들어놓았느냐, 애초부터 없었으면 이런 일이 일어나지도 않았을 것이다, 왜 이런 것이 내 눈 앞에 있어서 나로 하여금 죄를 짓게 만드느냐"는 것입니다.

술이 왜 내 앞에 있느냐? 화투가 왜 내 앞에 있느냐? 나는 그저 한번 해본 것뿐이라는 말입니다. 앞을 제대로 살피지도 않고 부딪혀놓고서는 왜 전봇대가 여기 서 있느냐고 항변합니다. "내가 먹고 싶어서 먹었냐? 다 사업상 할 수 없이 먹은 것이다." 이런 유의 책임 전가로 온 세상이 소란합니다.

그리고 마지막으로 "내가 먹었나이다"라고 말합니다. 이 대답에는 '할 수 없이, 어쩔 수 없이', '가정의 평화를 위하여' 먹었다는 전제가 있습니다.

그러나 오래 참으시는 사랑의 하나님은 아담의 얼토당토않은 말을 다 들으셨습니다. 하나님은 아담이 가리키는 하와에게 물으셨습니다. "네가 어찌하여 이렇게 하였느냐"(창 3:13).

하나님이 하와에게 기회를 주신 것입니다. 하와는 아담의 돕는 배필입니다. 하와가 잘 대답하였다면, 에덴을 잃지 않았을 것입니다. "하나님, 제가 잘못했어요. 용서해주세요." 그러나 불행히도 하와는 그렇게 이야기하지 않았고, 그 책임을 뱀에게 돌려버렸습니다. "뱀이 나를 꾀므로 내가 먹었나이다"(창 3:13).

유혹한 뱀이 문제가 아니라 유혹당한 나에게 문제가 있습니다. 하나님과 여자와 그 열매 뒤에 숨어 있는 나, 하나님의 명령을 거역한 나, 뱀의 유혹에 넘어가버린 내가 문제입니다.

첫째, 아무리 벗어나려 해도 두려움을 떨쳐버릴 수 없습니다.

둘째, 본능적으로 나 자신을 은폐하고 숨기려는 의도가 있습니다.

셋째, 나 자신을 끝없이 합리화하며 남에게 책임을 전가합니다.

이것이 죄 지은 사람들의 피할 수 없는 특징들입니다.

구원은, 다시 돌아와 하나님 앞에 서서 자신의 잘못을 시인하는 것입니다. 그래서 회개가 가장 중요합니다. 회개는 타락한 나의 실체를 인정하는 것이며, 문제의 핵심적인 본질을 보는 것입니다. 알코올 중독이나 마약 중독, 도박 중독 등을 고치는 첫 번째 단계는 자신이 중독자임을 시인하는 것입니다. 그때 비로소 나를 사로잡은 중독에서 벗어나는 첫발을 떼는 것입니다.

죄는 헬라어로 '하마르티아*hamartia*'라고 합니다. 그 원래 뜻은 '과녁에서 빗나가다'입니다. 과녁은 바로 하나님입니다. 하나님이라는 과녁을 확인하기 위해서는 영적으로 눈을 떠야 합니다. 그래야 나 자신을 하나님을 향하여 날릴 수 있습니다. 거기에 바로 에덴 동산이 있습니다.

폴 브랜드 박사가 필립 얀시와 함께 쓴《육체 속에 감추어진 영성》이라는 책에, 존이라는 나병 환자의 이야기가 수록되어 있습니다.

인도인 존 카르메간은 중증 나병 환자로서, 손과 발이 회복되지 못할 만큼 손상되었고 얼굴은 기괴하게 변형되어 있었습니다. 그는 추한 외모로 인해 세상을 원망하고 사람들의 시선을 두려워하면서 피해 망상증까지 앓고 있었습니다. 동료 환자들에게 적대감을 드러냈고, 물건을 훔치고, 병원 관계자들의 지시를 거부하는 등 온갖 말썽을 다 부렸습니다. 사람들은 그를 구제불능이라고 낙인찍고는 피했습니다. 그럴수록 그는 더욱 잔인해져갔습니다.

그런 그에게 다가간 사람은 브랜드 박사의 어머니였습니다. 그분은 의료 선교사로서, 동료였던 남편을 인도 풍토병으로 잃고도, 92세까지 평생을 인도 오지를 돌아다니며 가난한 인도인들을 치료한 사랑의 표본이었습니다. 그녀는 존을 찾아가 함께 시간을 보내며 예수님과 기독교 복음을 전했습니다. 결국 존은 나병 요양소에 있는 작은 연못에서 세례를 받았습니다. 그렇다고 해서 세상에 대한 분노와 원망이 해결된 것은 아니었습니다.

어느 날 존은 다소 냉소적인 목소리로 물었습니다. "시내에 있는 교회에 한번 가볼 수 있을까요?" 브랜드 박사는 교회 리더들을 찾아가 존의 나병은 안전 궤도에 올라 있으므로 다른 사람들에게 전혀 전염이 되지 않는다고 설명하면서 그들을 안심시켰고, 마침내 그들에게서 허락을 받아냈습니다. 그들은 존이 공용 컵을 사용하는 성찬식에 참석하는 것도 허락해주었습니다.

주일 아침 존과 브랜드 박사는 긴장감 속에 교회에 발을 들여놓았습니다. 그때 한 사람이 쳐다보기 시작하였습니다. 존의 긴장감이 극에 달했습니다. 놀라운 일이 일어났습니다. 그 사람이 두 사람을 향해 환한 웃음을 보내면서 자기 옆 의자를 툭툭 치며 여기 와 앉으라는 신호를 보냈습니다. 존은 불편한 발을 질질 끌면서 그 남자의 옆에 가서 앉았고 브랜드 박사는 하나님께 감사 기도를 올렸습니다. 그런데 이 작은 사건이 존의 인생의 전환점이 되었습니다.

몇 년 후, 브랜드 박사는 다시 인도 벨로르를 찾았고, 장애인들을 고용하고 있는 한 공장을 방문했습니다. 공장장이 그에게 자랑스런 직원을 소개해주겠다고 했습니다. 그 직원은 가장 작업 불량률이 적고 최고의 제품을 생산해왔기 때문에 본사로부터 공로상을 받은 사람이라고 했습니다. 브랜드 박사 일동이 그 직원이 일하는 장소에 도착하자, 직원은 하던 일을 멈추고 브랜드 박사를 향해 돌아섰습니다.

브랜드 박사는 기절할 정도로 놀랐습니다. 다름 아닌, 존이었습니다. 그의 기형적인 얼굴은 미소를 가득 머금고 있었습니다. 그것은 지금까지 본 미소 중에 가장 사랑스럽고 빛나는 미소였습니다.

예수님이 이 땅에 오신 이유는 이것입니다. 잃어버린 태초의 영적 빛으로 우리를 비추셔서, 사탄의 존재를 직시하게 하고, 죄로 얼룩진 내 모습, 책임 전가와 은폐에 온 힘을 탕진한 우리들의 모습을 보게 하시기 위함입니다.

"나는 세상의 빛이니 나를 따르는 자는 어둠에 다니지 아니하고 생명의 빛을 얻으리라"(요 8:12).

그럼 벌은 뭐예요?

죄와 벌은 동전의 앞뒷면과 같습니다.
성경을 읽을 때 하나님이 내리신 벌을
죄의 결과로 보지 말고,
그 죄에 수반되어 있는 어둠으로 파악하면
훨씬 더 쉽게 이해할 수 있습니다.
그러면 죄와 벌의 새로운 차원을
발견하게 됩니다.

The Story of
Heaven

현존하는 가장 오래된 성문법은 함무라비 법전입니다. 이 법전은
주전 1750년경 바벨론 제1왕조 6대왕 함무라비가 만든 것인데, 그
법문에는 '눈에는 눈, 이에는 이'라는 글귀가 있습니다. 죄를 지어
피해를 주었을 때 그와 똑같은 정도의 벌을 주는 것입니다. 응보주
의應報主義. 이것이 법의 가장 기본적인 정신입니다. 이 응보주의
는, 절대로 나 혼자만 손해 볼 수 없다는 인간의 원초적 반응에 기
초를 두고 있습니다. 이러한 벌에 대한 생각은 사람들로 하여금 죄
를 짓지 않도록 조심하게 만들어 공동체 전체의 안녕에 도움을 주
기도 합니다.

　한편 사람들은 죄를 짓고도 벌을 받지 않으려고 애를 씁니다.
'완전 범죄'를 하면 무슨 횡재를 한 양 생각하고, 반면 범죄자들이

활보하면 하나님은 과연 살아 있는가 하는 의심이 이어집니다.

'죄 따로, 벌 따로.' 죄가 먼저이고 나중에 그 죄를 심판하여 벌이 내려집니다. 그것이 죄와 벌에 대한 일반적 견해입니다. 그래서 아담과 하와가 죄를 범한 후에 하나님이 그들에게 벌을 주신 것이라 생각합니다. 그런데 이것은 인간의 한계에서 오는 당연한 생각입니다. 그래서 사람들은 눈으로 볼 수 없는 생각의 죄는 죄의 범주에 포함시키지 않습니다.

그런데 죄와 벌에 대한 하나님의 생각은 인간의 것과 전혀 다릅니다. 하나님은 눈에 보이지 않는 생각의 죄까지 포함시키십니다.

"그를 믿는 자는 심판을 받지 아니하는 것이요 믿지 아니하는 자는 하나님의 독생자의 이름을 믿지 아니하므로 벌써 심판을 받은 것이니라. 그 정죄는 이것이니 곧 빛이 세상에 왔으되 사람들이 자기 행위가 악하므로 빛보다 어둠을 더 사랑한 것이니라"(요 3:18-19).

죄의 발각 여부에 관계없이, 죄를 지어 어둠 가운데 머물러 있는 것 자체가 심판이요 벌입니다. 이것이 죄와 벌에 대한 하나님의 생각입니다. 여기서 멈추지 않습니다. 하나님은 죄에 대해 전혀 다른 정의를 내리십니다.

예를 들어보겠습니다. 하나님은 하나님 외에 다른 신을 두지 말고, 그 어떤 피조물로도 하나님의 형상을 만들지 말라고 하셨습니다. 이것이 십계명 중 제1계명과 제2계명입니다. 사람들은 그것을 죄라고 생각하지 않습니다. 하나님 외에 다른 신을 섬깁니다. 그래서 여러 가지 신의 형상들을 만들어 섬깁니다. 개구리도 섬기고 파리도 섬기고, 힌두교에서는 자동차와 기차 신도 섬깁니다. 새로운 발명품을 만들어낼 때마다 그에 따르는 새로운 신들을 만들어 섬깁니다. 그 결과, 사람들은 수많은 제약과 억압에 의해 어둠 속에 갇혀버립니다. 더 큰 문제는 자신이 갇혀 있는 줄도 모른다는 것입니다.

우상에 대한 폴 틸리히의 정의를 상기할 필요가 있습니다. "하나님의 자리에 앉아 있는 모든 것이 우상이다. 우상의 무서운 점은 그 우상 숭배자를 악마적인 힘으로 끝내 파멸시킨다는 것이다"(《조직신학》 중에서). 무당들도 인정합니다. "점으로 시작한 사람은 끝내 점으로 망한다." "굿으로 시작한 사람은 끝내 굿으로 망한다."

이 세상은 하나님이 지으신 것입니다. 사람이 만든 것이 아닙니다. 죄를 히브리어로 '차타*chata*'라고 하는데, 그 뜻은 "과녁에서 빗나가다"라는 뜻입니다. 그러므로 사람들이 만든 과녁에 백발백중했다 하더라도 하나님의 과녁에서 빗나가버리면 당연히 이미 죄를 지은 것이요 벌에 처하게 됩니다. 가장 무서운 죄는 하나님을 보지 못하는 것입니다.

죄와 벌은 동전의 앞뒷면과 같습니다. 성경을 읽을 때 하나님이 내리신 벌을 죄의 결과로 보지 말고, 그 죄에 수반되어 있는 어둠으로 파악하면 훨씬 더 쉽게 이해할 수 있습니다. 그러면 죄와 벌의 새로운 차원을 발견하게 됩니다.

죄와 벌의 문제를 다루다보면, 반드시 등장하는 것이 '악인들의 형통함'입니다. 그런데 그것은 '겉으로 드러나는 화려함'뿐입니다. 그들의 속은 이미 어둠에 처해 있습니다.

다윗은 회개하지 못한 상태에서 그가 처한 어둠을 시편 32편에서 정확하게 표현하고 있습니다. "내가 입을 열지 아니할 때에 종일 신음하므로 내 뼈가 쇠하였도다. 주의 손이 주야로 나를 누르시오니 내 진액이 빠져서 여름 가뭄에 마름 같이 되었나이다"(시 32:3-4).

다른 사람들이 보든 보지 않든 상관없습니다. 죄는 언제나 죄 지은 사람을 어둠으로 몰고 갑니다. 예수님이 남을 미워하는 자마다 살인의 죄를 범한 것이며, 여자를 보고 음욕을 품는 자마저 간음의 죄를 범한 것이라 말씀하신 것은, 그래서 더 많은 범죄자를 만들고, 더 깊은 자책감을 느끼라고 하신 것이 아닙니다. 이미 어둠 속에서 힘들어하는 영혼의 신음 소리를 듣고 그 원인을 알라는 것입니다.

이제 하나님의 과녁과는 전혀 다른 방향으로 가버린 뱀과 아담과 하와가 처한 어둠이 무엇인지 구체적으로 살펴봅시다.

뱀은 모든 짐승들보다 더 저주를 받는 처지가 되었습니다. "네가 이렇게 하였으니 네가 모든 가축과 들의 모든 짐승보다 더욱 저주를 받아 배로 다니고 살아 있는 동안 흙을 먹을지니라"(창 3:14).

사탄의 미래입니다. 배로 다니며 흙을 먹는다는 것은 가장 천박하고 더러운 일에만 몰두한다는 것입니다. 사탄이 하는 일에는 그 어떤 고귀한 것도, 창조적인 것도, 배려나 동정도 찾아볼 수 없습니다. 어떤 범죄를 보고서 인간으로서 어쩌면 저토록 잔인할 수 있을까 몸서리쳐질 때가 종종 있습니다. 이 모두 사탄의 속삭임에 넘어간 경우입니다. "내가 너로 여자와 원수가 되게 하고 네 후손도 여자의 후손과 원수가 되게 하리니 여자의 후손은 네 머리를 상하게 할 것이요 너는 그의 발꿈치를 상하게 할 것이니라"(창 3:15).

선과 악의 끝없는 투쟁에 대한 예고입니다. 흔히 선이 악을 이길 수 없다고 합니다. 그러나 악은 선의 발꿈치만을 상하게 할 뿐, 결정적으로 선은 악의 머리를 상하게 할 것입니다. 그래서 "악에게 지지 말고 선으로 악을 이기라"(롬 12:21)는 당부가 기독교 전체를 관통하고 있는 것이며, 그것이 가장 극명하게 드러난 것이 바로 예수님의 십자가입니다.

사탄의 운명은 이미 정해져 있습니다. 가장 큰 어둠 속에 처하다가, 종래에는 무저갱無底坑(바닥이 없는 웅덩이)으로 던져질 것입니다. "사망과 음부도 불못에 던져지니 이것은 둘째 사망 곧 불못이라"(계 20:14).

육체가 죽는 첫 번째 사망 다음에 또다시 불못에 던져진다는 것은, 죽음이라는 개념이 없어지고 영원한 벌에 처해진다는 것입니다. 만약 이 땅에서의 삶이 전부라면 대충 살다가 사라져버리면 됩니다. 그런데 무서운 것은 사망 자체가 없어져서 영원한 형벌을 받아야 한다는 것입니다. 그러므로 언제나 내가 어느 편에 서 있는가를 점검해야 합니다. 결코 중간 지대는 없습니다. "그들은 영벌永罰에, 의인들은 영생永生에 들어가리라"(마 25:46). 예수님의 말씀입니다.

하와가 죄의 결과로 처하게 될 첫 번째 어둠은 산고입니다. 흔히 듣는 질문입니다. 에덴에서도 출산이 있었겠느냐는 것입니다. 만약 아담과 하와의 불순종이 없었다면 가인과 아벨은 에덴 동산에서 태어났을 것입니다. "내가 네게 임신하는 고통을 크게 더하리니 네가 수고하고 자식을 낳을 것이며"(창 3:16). 수고하고 자식을 낳을 것이라는 말은 에덴 동산에서도 산고는 있었음을 암시합니다.

가장 강도가 큰 고통은 신장 결석과 아이를 낳을 때 겪는 고통이
라고 합니다. 그런데 신장 결석의 고통은 절대 사절하지만, 그렇게
고통스러운 산고를 여자들은 여러 번 감내합니다. 저의 외할머니
는 열두 번의 산고를 겪으셨습니다. 산고는 사랑의 크기가 클수록
감해지기 때문입니다. 사랑 없는 산고는 저주스럽고 고통스럽지만
사랑하면 할수록 잉태의 기쁨은 더욱 커집니다. 여전히 사랑이 관
건입니다. 하나님은 우리를 여전히 사랑하고 계십니다.

"너는 남편을 원하고 남편은 너를 다스릴 것이니라"(창 3:16).

이 구절은 대단히 중요한 의미를 지니고 있습니다. 여자는 남편
을 원하고 남편은 여자를 다스린다는 말은 언뜻 들으면 당연한 말
처럼 들립니다. 사람들이 사는 모습을 들여다보면 아내는 남편을
위해 식사 준비를 하고 출근 준비도 하고 화장도 하고 때로는 애교
도 부립니다. 그렇게 하는 것이 당연한 것처럼 여겨지고 있고, 그
렇지 못한 경우에는 남편이 아내를 나무랍니다. 한편 남편은 집안
과 아내를 다스리고 집안의 대소사를 결정합니다. 이러한 현상은
과거로 거슬러 올라가면 갈수록 더욱 두드러집니다.

그런데 기억해야 할 것은 '아내는 남편을 원하고 남편은 아내를
다스리는 삶'의 형태가 당연한 것이 아니라, '타락의 결과'라는 점
입니다. 저주 상태라는 것입니다.

요즘 가정이 무너지고 있습니다. 그래서 어른들은 "암탉이 울면 집안이 망한다", "옛날 방법이 옳았다", "남편의 기를 살려야지 집안이 잘된다" 등등의 진단과 처방을 내립니다. 그런데 성경의 기준으로 볼 때, 이 모든 처방은 저주 상태의 강화일 뿐입니다. 그렇게 해서 해결되는 것이 아닙니다.

유교의 가르침에 가치를 두지 않는 것은, 유교는 이미 타락한 세상의 현상들을 잘 관찰하여 그것을 체계화하고 이념화한 것에 불과하기 때문입니다. 여자는 남편을 원하고 남편은 여자를 다스리는 타락한 현상을 체계화해서 나라와 가정의 근간으로 삼은 것입니다. 당연히 그 제도와 체제 아래서 사람들은 참기쁨과 행복을 누리지 못했고 결국 그 체제는 무너져버렸습니다. 얼마 전에 선풍적으로 장안의 인기를 모았던 모 교수의 노자 사상老子思想 강좌도 나름대로 의미가 있었습니다. 그러나 그것은 어디까지나 부분적이며 한계가 있는 처방입니다. 이미 실패한 처방을 다시 재해석하여 내놓은 것에 불과합니다.

하나님의 처방은 다릅니다. 하나님은 세상과 가정을 만드신 분입니다. 세상과 인생을 꿰뚫고 계십니다. 그러므로 하나님의 처방은 언제나 유효합니다.

가정의 회복을 위하여 마음에 새겨야 할 가장 중요한 사항들이 있습니다.

첫째, 아내와 남편은 하나님과 더불어 타락 이전을 경험한 존재라는 점입니다. 눈에 보이는 존재 중에 가장 중요한 존재는 각 사람의 배우자입니다. 이 사실을 모를 때 그 가정은 출발부터 잘못된 것입니다. 이미 실패한 가운데서 출발한 것입니다.

한 원로 목사님이 이북에서 내려오실 때 그간의 가르침에 따라 가문이 더 소중한 줄 알고 장남만을 데리고 남쪽으로 내려왔다고 합니다. 그분은 입버릇처럼 이렇게 말씀하십니다. "내가 잘못 생각했어. 그때 집사람을 데리고 내려오는 건데…." 단순히 외로움 때문만은 결코 아닙니다. 옳은 말입니다.

얽히고설켜 어떻게 풀어야 할지 모르는 가정 문제는 창세기 2장 24절 말씀을 실천하지 않았기 때문입니다. "이러므로 남자가 부모를 떠나 그의 아내와 합하여 둘이 한 몸을 이룰지로다"(창 2:24).

자녀가 결혼을 하였으나 여전히 정신적으로, 물질적으로 부모를 의지하고 있다면, 또 부모는 이 결혼한 자녀와의 관계의 끈을 놓칠세라 여전히 그 끈을 꽉 거머쥐고 있다면, 이러한 의존과 집착이 가정을 병들게 합니다. 부모 되신 분들은 섭섭하겠지만 하나님의 말씀을 믿고 자녀들이 하나님을 의지하며 자신의 배우자를 가장 사랑하도록 배려해주어야 합니다. 또한 자녀들은 어떻게 해서든지 정신적으로, 물질적으로 부모로부터 독립해야 합니다.

아담과 하와는 하나님 나라의 주체요 에덴 동산의 주인공들입니다. 그리고 아담과 하와가 바로 설 때 비로소 어떤 복잡한 가정사라도 풀리게 마련입니다.

부부가 중심이 된 가정을 바로 세우는 처방은 에베소서 5장 22절 이하에 기록되어 있습니다. "아내들이여 자기 남편에게 복종하기를 주께 하듯 하라".

하나님은 아내들에게 먼저 권면하십니다. 하나님은 아내가 남편보다 더 현명하고 강하며 거룩한 돕는 배필임을 인정하셨기 때문입니다. 타락한 상태에서 아내가 남편에게 주는 것은 사모입니다. 사랑입니다. 그러나 하나님은 복종을 남편에게 주라고 명령하십니다. 복종은 현대인들에게 어감이 좋지 않습니다. 복종의 원뜻은 '존경'과 '인정'입니다.

남자는 자신을 인정해주는 대상에 대하여 물불을 가리지 않고 충성합니다. 남편을 존경하라고 하면 100명의 아내 중에 아마도 99명은 이렇게 말할 것입니다. "존경할 만한 점이 있어야 존경하지요." 그렇습니다. 남편에게서 존경할 만한 점을 찾기란 쉽지 않습니다. 그러므로 하나님은 이런 단서를 첨부하셨습니다. "교회가 그리스도에게 하듯 하라." 그리스도가 누구신지, 그 사랑이 얼마나 큰지, 또 주님의 창조 목적이 무엇인지 아는 사람은 못난 남편을 존경할 수 있으며, 그 못난 남편을 존경하기 시작할 때에 남편은 비로소 서서히 존경받는 대상으로 변화되어갑니다. 이것이 하나님의 신비입니다.

하나님은 남편을 향하여 다음과 같은 처방을 내리십니다. "남편들아 아내 사랑하기를 그리스도께서 교회를 사랑하시고 그 교회를 위하여 자신을 주심같이 하라"(엡 5:25).

타락한 상태에서 남편들은 아내를 다스렸습니다. 그런데 하나님이 아내를 '에쩨르', 곧 돕는 배필로서 더 현명하고 강하다는 것을 인정하셨는데, 그보다 못한 남편이 아내를 다스리니 문제가 얼마나 복잡하겠습니까? 하나님은 남편으로 하여금 아내를 사랑할 것을 요구하십니다. 남편들은 이렇게 말합니다. "쑥스럽게 남자가 돼서 사랑은 무슨 사랑…. 사랑은 아내나 하는 것이지요." 이 말은 사람들이 얼마나 타락한 상태에 길들여져 있는가를 잘 보여주는 말입니다.

사랑은 남편들이 하는 것입니다. 예수님이 교회를 목숨 걸고 사랑하신 것처럼 남편은 아내를 사랑해야 합니다. 그런 남편이 얼마나 될까 의심하는 분들 많으실 겁니다. 그렇기 때문에 하나님이 필요하고 예수님을 믿는 신앙이 필요합니다. 그래서 예수 그리스도에게서 배워야 합니다.

영국의 사회 비평가 존 러스킨John Ruskin은 "인류 역사는 세계의 역사가 아니라 가정의 역사다. 한 나라의 수준은 그 나라의 가정 수준 이상 올라갈 수 없고, 한 나라의 생존은 가정의 생존 여부에 달려 있다"고 말했습니다.

하나님이 친히 세우신 기관은 가정과 교회 외에는 없습니다. 나머지 시스템이나 제도는 인간이 고안한 것들입니다. 아담과 하와의 타락으로 가정이 무너지고 말았습니다. 그와 더불어 하나님 나라도 붕괴되었습니다. 그 무너진 가정을 회복시키기 위해 주님은 이 땅에 오셔서 십자가에 죽으시고 부활하셨습니다. 그때 흘린 피 값으로 교회를 사셨습니다. 교회는 주님이 친히 세우신 제2의 가정입니다. 교회가 바로 서야 가정이 바로 섭니다. 교회에서 올바로 배워 삶에 적용해야 합니다. 교회는 단순히 기도하여 복 받아 잘 먹고 잘 살라고 지으신 것이 아니라, 잘못된 것을 직시하고 다시 가정을 회복시키기 위하여 세우신 것임을 잊지 말아야 합니다. 가정의 회복, 대단히 중요한 교회의 핵심 역할 중 하나입니다.

"땅은 너로 말미암아 저주를 받고 너는 네 평생에 수고하여야 그 소산을 먹으리라"(창 3:17).

이것은 범죄한 아담이 처한 어둠을 말합니다. 노동은 결코 저주가 아닙니다. 다만 그 본질을 모른 채, 노동을 단순히 호구지책으로 전락시킬 때 노동은 힘들고 따분한 것이 됩니다. 노동이 가져다주는 물질과 부로만 노동의 가치를 평가할 때에는 노동의 기쁨을 결코 얻을 수 없습니다.

'직업'이란 단어는 영어로 Vocation입니다. 이것은 '하나님의 부르심Calling'이라는 뜻입니다. 칼뱅은 사형 집행자의 직업마저도 하나님의 소명이라고 말했습니다. 그만큼 직업은 신성한 것입니다.

십자가는 가장 저주스러운 형틀이었습니다. 예수님은 그 십자가의 고통을 감내하심으로 십자가에 담긴 모든 저주를 감당하시고 풀어주셨습니다. 십자가에서 내리는 하나님의 빛으로 나아올 때, 모든 저주가 풀립니다.

한때 세상을 떠들썩하게 했던 신창원이라는 사람이 있습니다. 지금은 예수님을 믿고 새사람이 되었는데, 그가 거듭난 후에 처음 한 말이 "예수 안에서만 진정한 화평이 있다"는 말이었습니다. 그가 쓴 참회의 편지 가운데 이런 내용이 있습니다.

"청송 교도소에 노인 한 분이 계셨습니다. 중병을 앓고 계셔서 교도소에서도 치료를 포기했지만 가족들도 인도를 거부하였습니다. 결국 그분은 마지막 날까지 가족을 원망하다가 세상을 떠나셨습니다. 그분은 죽는 날까지 자신의 죄를 알지 못했습니다. 모든 원인은 자신에게 있으면서도 가족과 사회만을 원망했습니다."

　가장 무서운 벌은 자신이 어둠에 처해 있다는 사실조차 모르는 것입니다. 설사 감옥에서 벌을 받고 있다고 할지라도 자신의 상황을 인식할 때 더 이상 그것은 벌이 아닙니다.

17

특명! 생명나무를 찾으라

생명나무가 자라는
하나님 나라는 어디 있습니까?
하나님 나라는 죽어서 가는
나라가 아닙니다.
영적 생명을 회복한 성도들의
삶 자체가 곧 하나님 나라요,
예수 그리스도의 통치를 인정하는
그곳이 곧 하나님 나라입니다.

The Story of
Heaven

성철 스님이 세상을 떠나기 직전 "물은 물이요, 산은 산이다"라고
하여, 온 나라가 그 뜻이 과연 무엇이냐를 놓고 소란한 적이 있었
습니다. 이 말은 물을 물로 보지 않고 산을 산으로 보지 않는 현대
인들의 왜곡되고 단세포적인 시각을 꼬집은 말입니다. 금강산도
산으로 보지 않고 돈으로 봅니다. 좋은 물이 나오면 그것을 개발하
여 돈을 벌 생각부터 합니다.

"땅은 너로 말미암아 저주를 받고 너는 네 평생에 수고하여야
그 소산을 먹으리라. 땅이 네게 가시덤불과 엉겅퀴를 낼 것이라"
(창 3:17-18).

이 말씀은 하나님의 저주의 결과가 아니라, 타락한 인간이 당연
히 겪게 되는 필연입니다.

한 가지 예를 들어보겠습니다. 아산만은 세계 최고 수준의 유수한 갯벌 중 하나입니다. 그것을 농토로 바꾸는 데 들어간 비용이 약 1조 원이라고 하는데 거기서 생산되는 쌀의 양 또한 1조 원 정도 규모의 양이라고 합니다. 1조 원을 들여서 연간 1조 원을 생산해낸다면 경제 논리 측면에서는 분명히 성공한 계획입니다. 그런데 아산만을 그냥 그대로 갯벌로 놔둔다면 연간 8조 원 이상의 유무형의 생산물과 정화 능력을 만들어낸다고 합니다. 그리고 그 혜택은 온 국민들에게 골고루 돌아갈 것입니다.

　그러나 사람들은 땅이나 물건을 확보하고 자신의 이름을 적어놓기를 좋아합니다. 그것을 인생의 목표로 삼고 살아가는 사람 또한 많습니다. 그런데 그로 인해 결국 땅이 가시덤불과 엉겅퀴를 내게 된다는 것을 알지 못합니다. 그리하여 몇몇 사람들 명의로 금을 그어놓고 그 사람들이 뿌듯해지기 위해서 많은 사람들에게 돌아갈 따뜻한 하나님의 선물들이 사라져가고 있습니다. 옛말에 부자 한 사람이 나기 위해서는 마을 두 곳이 가난해져야 한다고 합니다. 굳이 물은 물이요 산은 산이라고 할 것도 없습니다.

　급속화된 산업화와 이념, 너 나 없는 상업 자본주의의 결과로, 넘쳐나는 제품들과 버려지는 생산품들은 자원을 고갈시키고 자연환경을 황폐케 하였음은 누구나 다 아는 사실입니다. 그러면서도 경제는 유통이라며 그 회전이 멈추는 순간 나라와 세계가 파멸하는 양 달리기를 멈추지 못하게 되었습니다. 호랑이 등에 온 인류가 올라타버린 것입니다. 그래서 지구는 더 많은 가시덤불과 엉겅퀴로 덮여가고 있습니다.

선악을 알게 하는 나무의 열매를 따먹은 아담과 하와에게 최종 선고가 내려집니다.

"네가 흙으로 돌아갈 때까지 얼굴에 땀을 흘려야 먹을 것을 먹으리니 네가 그것에서 취함을 입었음이라. 너는 흙이니 흙으로 돌아갈 것이니라"(창 3:19).

인간이라면 누구나 피할 수 없는 운명, 바로 죽음에 관한 말씀입니다. 인간은 죽음을 가장 무서운 어둠으로 인식하고 두려워 떱니다.

"보라. 이 사람이 선악을 아는 일에 우리 중 하나 같이 되었으니 그가 그의 손을 들어 생명나무 열매도 따먹고 영생할까 하노라"(창 3:22).

하나님은 마지막으로 에덴 동산에 빗장을 거십니다. 아담과 하와를 에덴 동산에서 쫓아내시고 그룹들과 두루 도는 화염검으로 생명나무의 길을 지키게 하여 접근을 막으셨습니다. 여기서 '그

룹'들은, 특별히 '병정 천사'들을 의미합니다. 타락한 인간들은 이 땅에서 영생을 누리지 못하고 죽어서 흙으로 돌아가게 되었습니다. 죽음을 말합니다. 사람들은 이것을 하나님의 저주로 생각합니다.

자, 이제 죽음에 대하여 생각해봅시다.

죽음을 대하는 사람들의 태도는 대체로 두 가지로 나눌 수 있습니다.

첫째는 집착입니다. 개똥밭에 굴러도 이승이 낫다는 태도입니다.

둘째는 자포자기입니다. 이런 세상 살아서 무엇하나 하는 태도입니다.

그런데 죽음을 생각할 때마다 쉽게 간과하는 것이 있습니다. 남들과의 관계입니다. 사람들은 어떻게 하면 내가 오래 살 수 있는가 하는 생각에 골몰하지만 나의 죽음이 다른 사람에게 어떤 영향을 미치는지는 고려하지 않습니다. 눈부신 현대 의학의 발전 덕에, 생명의 비밀인 유전자 지도를 완성하여 불치병을 해결할 날이 멀지 않게 되었다고 호언하고 있습니다. 불치병으로 죽은 사람을 냉동 보관하였다가 그 병을 치료하는 방법이 개발되면 그때 해동시켜 치료하면 된다고 합니다. 그런데 이 모든 시도와 몸부림은 육체의 생명만 연장시키는 방법입니다. 이것이 바로 인간의 한계입니다.

목회자로서 그동안 수많은 죽음을 보았습니다. 죽음들을 보면

볼수록, 죽음은 신비이며, 죄 가운데 사는 우리에게 둘도 없는 '하나님의 선물'이라는 것을 절감하게 됩니다. 속사람이 변하지 않는 상태에서 무병장수는 복이 아니라 오히려 화입니다.

《걸리버 여행기》라는 소설을 잘 알 것입니다. 대개는 소인국과 대인국에 대해서만 알 뿐인데, 사실 이 소설은 여러 가지 다양한 이야기들이 수록된 인간의 삶을 풍자한 소설입니다.

걸리버가 어느 날 어떤 나라에 가게 되었습니다. 그 나라에서는 등에 빨간 점을 가지고 태어난 아이는 죽지 않고 영생할 운명을 갖습니다. 그런데 그런 아이가 태어나면 그 집은 초상집처럼 되어버립니다. 이유인즉 이렇습니다. 그 아이가 철이 들기 전에는 보통 아이들처럼 자라납니다. 그러다가 자신이 죽지 않는다는 사실을 알게 되면서부터 아이는 달라지기 시작합니다. 제일 먼저 나타나는 현상은 해야 할 일을 뒤로 미루는 것입니다. 시간이 많기 때문입니다. 그러다가 서서히 뒤처지게 되고 결국 폐인의 길에 들어섭니다. 그렇게 되면 동네 사람들은 아이를 그런 사람들만 모여 사는 마을로 보냅니다. 그 마을은 지옥 그 자체입니다. 아파도 죽지 못하고, 일도 할 줄 모르고, 일을 하지도 않으니까 가족들이 보내주는 양식으로 연명하다가 그 가족들이 죽으면 그나마 양식도 없어져 서로 빼앗아 먹으며 살아갑니다.

"선악을 아는 일에 우리 중 하나같이 되었으니"라는 하나님의 말씀을 들으면, 마치 하나님이 선악의 비밀을 알게 된 사람들을 질투하여 그런 처사를 내리신 것으로 생각하기 쉬운데, 이는 아주 큰 오해입니다.

타락한 아담과 하와에게 죽음은 오히려 축복입니다. '죄 가운데 영생'은 가장 큰 저주임을 아시는 하나님이 범죄한 아담과 하와를 에덴 동산에서 추방하시고 생명나무에 이르는 길을 막으신 것입니다.

성경은 육체를 '장막帳幕'이라고 합니다. 장막은 텐트입니다.

"만일 땅에 있는 우리의 장막 집이 무너지면 하나님께서 지으신 집 곧 손으로 지은 것이 아니요 하늘에 있는 영원한 집이 우리에게 있는 줄 아느니라"(고후 5:1).

우리는 하나님의 사랑과 배려로 육체를 입고 하나님이 만드신 세상에 여행을 온 것입니다. 여행을 떠날 때 어떤 이들은 텐트를 준비하여 캠핑을 하며 고생을 자처합니다. 어떤 이들은 최고급 호텔에서 묵으며 호화 여행을 합니다. 그와 같이 이 땅에서의 여행은 각 사람마다 그 형태와 그 기간이 다릅니다. 그러다가 여행이 끝나 집으로 돌아오면 누구나 하는 말이 있습니다. "역시 집이 최고야!"

성경은 성도들을 나그네라고 부릅니다. 이 땅에서의 여행이 끝나면 모두 다 돌아갈 곳이 있습니다. 그곳이 바로 하늘에 있는 영원한 집, 우리 아버지께서 기다리시는 하늘의 본향입니다. 그러므로 1년을 살다 간 아기도, 헤어지는 슬픔과 아픔은 있지만, 그 1년이라는 기간은 하나님의 선물입니다. 그 기간은 선물을 주는 사람에게 달려 있습니다. 받는 사람은 그 좋고 나쁜 것을 탓할 수 없습니다. 어떤 이들에게는 초호화 여행을 길게, 어떤 이들에게는 고생스러운 무전 여행을 지루하게 시키기도 합니다. 그 여행이 어떻든 간에 그것은 모두 하나님의 선물입니다.

육체는 하나님이 그 사랑하는 사람들에게 주신 최고의 선물 중 하나입니다. 이 육체를 통하여 사랑하는 사람과 교감하며, 아름다운 것을 즐기며, 맡기신 일을 열심히 신나게 행하게 하신 하나님께 감사해야 합니다. 그리고 오라 하시면, 모든 것을 훌훌 벗어버리고 하나님 아버지께서 기다리시는 영원한 본향으로 가서 "아버지, 정말 재미있는 여행을 하고 무사히 돌아왔습니다. 고맙습니다" 하며 인사할 때, 우리 하나님은 웃으시며 "그래, 잘했다. 이제 여기서 나와 함께 영원한 안식을 누리자"고 말씀하실 것입니다.

그 사실을 아는 사도 바울은 빌립보서에서 이렇게 이야기합니다. "세상을 떠나서 그리스도와 함께 있는 것이 훨씬 더 좋은 일이라"(빌 1:23). 영이 살아나서 육체 너머의 세계와 하나님을 본 사람들의 공통적인 고백입니다.

비록 인간이 죄를 범하긴 했지만 하나님은 여전히 우리를 사랑하시고 우리를 더욱 불쌍히 여기십니다. 그 사랑의 증거들이 여기저기에 있습니다.

"아담이 그의 아내의 이름을 하와라 불렀으니 그는 모든 산 자의 어머니가 됨이더라"(창 3:20).

첫째, 아담은 여자의 이름을 '하와' 곧 '생명의 어미'라고 지었습니다. 즉시 죽어 마땅하지만 하나님은 인간의 생명을 보존해주셨습니다. 장차 뱀의 후손과 하와의 후손, 다시 말해서 생명의 후손과 사망의 후손이 한판 승부를 겨루게 될 터인데, 사망의 후손은 생명의 후손의 발꿈치를 상하게 할 것이나 생명의 후손은 사망의 후손의 머리를 결정적으로 상하게 할 것입니다. 훗날 우리 주 예수 그리스도는 여자의 후손 곧 생명의 후손으로 오셔서 사탄을 물리치시고 최후의 승리를 이루셨습니다. "여호와 하나님이 아담과 그의 아내를 위하여 가죽옷을 지어 입히시니라"(창 3:21).

둘째, 하나님은 무화과 잎으로 가린 아담과 하와의 수치를 가죽옷을 입혀 가려주셨습니다. 반나절이면 말라버리는 무화과 잎사귀 대신에 반영구적인 가죽으로 우리의 수치를 가려주셨습니다. 이것은, 우리의 죄를 가려주기 위한 구약의 대속 제물과, 궁극적으로는 예수 그리스도의 십자가를 예표豫表하는 것입니다.

"내가 너로 여자와 원수가 되게 하고 네 후손도 여자의 후손과 원수가 되게 하리니 여자의 후손은 네 머리를 상하게 할 것이요 너는 그의 발꿈치를 상하게 할 것이니라"(창 3:15). 이 말씀을 '원복음'이라고 합니다. 우리 주님이 이 땅에 오실 것을 약속하신 복음의 첫 번째 말씀입니다.

마지막으로, 하나님은 생명나무를 뽑아버리지 않으시고 다만 그 가는 길목을 차단하셨습니다. 그러므로 생명나무는 분명히 어딘가에 존재합니다. 사람들이 그토록 애타게 찾아 헤매는 생명나무는 과연 어디에 있는 것일까요?

성경의 맨 마지막 책인 요한계시록, 그중에서도 맨 마지막 장인 22장에서 생명나무가 어디 있는지를 알려줍니다. "또 그가 수정같이 맑은 생명수의 강을 내게 보이니 하나님과 및 어린양의 보좌로부터 나와서 길 가운데로 흐르더라. 강 좌우에 생명나무가 있어 열두 가지 열매를 맺되 달마다 그 열매를 맺고 그 나무 잎사귀들은 만국을 치료하기 위하여 있더라"(계 22:1-2).

창세기 3장에서 인간의 타락으로 차단되었던 생명나무가 요한계시록 맨 마지막에 다시 기록되어 있다는 것은 결코 우연이 아닙니다. 이것은 신앙 생활의 목표가 어디에 있는지를 보여주는 것입니다.

생명나무가 어떻게 자라나고 있습니까? 하나님과 어린양의 보좌로부터 흐르는 생명수를 먹고 자라나고 있습니다. 사마리아 성수가 샘터에서 주님은 한 여인에게 자신이 영원히 마르지 않는 생명수임을 알려주셨습니다. 생명나무는 불로초를 통해서, 또는 게놈 프로젝트를 통해서 얻어지는 것이 아니라 예수님을 믿는 믿음에서 얻어지는 것입니다.

생명나무가 자라는 하나님 나라는 어디 있습니까? 하나님 나라는 죽어서 가는 나라가 아닙니다. 영적 생명을 회복한 성도들의 삶 자체가 곧 하나님 나라요, 예수 그리스도의 통치를 인정하는 그곳이 곧 하나님 나라입니다.

하나님을 거부하고 영적 생명을 잃었을 때는 생명나무 역시 보이지 않습니다. 오직 예수 그리스도를 구주로 영접하고 십자가의 피로 죄가 씻겨서 영적 생명이 회복될 때 비로소 생명나무의 열매가 내 안에 있음을 알게 되고 보게 됩니다. 그리고 이 육체를 흙으로 돌려보낸 다음에 영원한 하나님 나라와 연결되는 것입니다.

"피조물이 고대하는 바는 하나님의 아들들이 나타나는 것이니 피조물이 허무한 데 굴복하는 것은 자기 뜻이 아니요 오직 굴복하게 하시는 이로 말미암음이라. 그 바라는 것은 피조물도 썩어짐의 종 노릇 한 데서 해방되어 하나님의 자녀들의 영광의 자유에 이르는 것이니라"(롬 8:19-21).

땅과 자연, 모든 피조물들이 탄식하며 사람들이 성령을 받아 하나님의 자녀가 되어 나타나기를 고대하고 있습니다. 우리가 성령을 받아 죽었던 영이 살아나고 참자유인이 될 때 우리로 말미암아 저주받았던 자연도 참자유를 누리게 됩니다. 우리는 하나님의 청지기입니다. 모든 피조물들을 다스리고 관리하는 책임이 바로 우리 자신들에게 있습니다.

"지혜는 그 얻은 자에게 생명나무라. 지혜를 가진 자는 복되도다"(잠 3:18).

지혜는 곧 하나님 자신이며, 성경은 곧 그리스도의 지혜의 말씀입니다. 성경은 잃어버린 생명나무로 인도하는 '비밀 지도'입니다.

4

고된 삶의 시작

"여호와께서 가인에게 이르시되 네 아우 아벨이 어디 있느냐. 그가 이르되 내가 알지 못하나이다. 내가 내 아우를 지키는 자니이까"(창 4:9).

18강 | 창세기 4:1-12

왜 동생을 지켜야 하나요?
나 살기도 바쁜데

소유가 아니라 관계를 소중하게 여기면서
그 관계를 통하여 자아를 고귀하게 실현해가는 삶,
그래서 하나님께 영광을 돌리고
이웃과 사회에 덕을 끼치며
존귀한 영적 지도자의 삶을 사는
그리스도인들이 되어야 할 때입니다.

The Story of
Heaven

"안중眼中에도 없다"는 말이 있습니다. 눈에 뵈는 것이 없다는 말입니다. 무언가에 몰입하여 마음을 빼앗겼을 때 일어나는 현상입니다.

일본 역사에서 일왕은 1500여 년간 한 집안에서 계승되었습니다. 일왕 자리는 탐낸다고 얻어지는 자리가 아닙니다. 그 다음 높은 자리는 '태정대신'(다이조 다이진)입니다. 영의정과 비슷한 자리이지만, 그 격은 전혀 차원이 다릅니다. 비리를 저질러도 탄핵되지 않습니다. 또한 일왕의 스승이라 섭정도 할 수 있는, 누구나 소유하고 싶어 하는 막강한 자리입니다. 그런데 이 탐나는 자리를 후지와라 노부히토(659-720년)는 세 번이나 사양하였습니다. 그는 두 딸을 일왕과 왕세자에게 출가시킨 강력한 권력가였습니다. 그는 죽은 다음에야 이 자리에 추증되었습니다. 노부히토의 사양 이후, 일본에는 이 자리를 공석으로 비워두는 것이 관례가 되었습니다. 그의 사양의 변은 이것이었습니다.

"보는 눈이 있다."

소유에 골몰할 때, 다른 사람들이 안중에 없게 된다는 것입니다. 그러나 관계를 소중하게 생각할 때, 모든 사람들이 눈에 들어옵니다. 눈으로 볼 수 없는 하나님도 보게 됩니다.

에덴 동산에서 추방된 아담과 하와에게 고된 삶이 시작됩니다. 그들은 아들을 낳는데 그 아들이 그 유명한 '가인'입니다. 아담은 가인을 낳고 기뻐서 소리칩니다.

"내가 여호와로 말미암아 득남하였도다."

그러고 나서 얼마 후에 하나님은 그들에게 또 아들을 주셨는데 그가 바로 '아벨'입니다.

가인은 농사를 짓는 자였고 아벨은 양을 치는 목자였습니다. 그들은 모두 하나님을 섬겼고 각자의 소산으로 여호와께 제사를 드렸습니다. 그런데 여기서 큰 사단이 비롯됩니다. 하나님이 어찌된 영문인지 가인의 제사는 거절하시고 아벨의 제사만 받으신 것입니다. 그러자 가인은 화가 나서 안색이 변하였습니다.

우리는 이 사건에 대해 많은 해석을 들었습니다. 하나님이 가인의 제사는 거절하시고 아벨의 제사를 받으신 이유가 무엇일까요? 흔히 목사님들은 이렇게 설교합니다. "아벨은 피의 제사를 드렸기 때문이다. 그러므로 우리도 피의 제사를 드려야 한다." 그러나 이러한 해석은 별로 수긍할 수 없는 해석입니다. 왜냐하면 사람들은 각자의 생업이 다르고 제사나 봉헌은 자신의 소산으로 드리는 것이 당연하기 때문입니다. 목사님들이 자꾸 성도들의 피를 짜내려 해서 걱정입니다.

그러면 왜 하나님은 가인의 제사를 거절하셨을까요? 그 이유는 이미 본문에 나타나 있습니다.

하나님은 가인에게 이렇게 말씀하셨습니다.

"여호와께서 가인에게 이르시되 네가 분하여 함은 어찌 됨이며 안색이 변함은 어찌 됨이냐. 네가 선을 행하면 어찌 낯을 들지 못하겠느냐. 선을 행하지 아니하면 죄가 문에 엎드려 있느니라. 죄가 너를 원하나 너는 죄를 다스릴지니라"(창 4:6-7).

중심을 보시는 하나님은 이미 가인의 속마음을 알고 계셨습니다. 가인은 선을 행하지 않았다는 것입니다. 하나님께 드리는 제물을 겉으로만 그럴듯하게 포장하여 드렸다는 것입니다. 그 안에 마음과 정성을 담지 않았습니다. 그 사실을 이미 하나님은 아셨습니다. 그래서 거절하신 것입니다.

왜 가인은 그런 태도로 하나님께 제사를 드렸을까요?

아담과 하와가 지은 '가인'이라는 이름은 히브리어 '카나*qana*'에서 파생된 것으로, 그 뜻은 '소유와 획득'입니다. 아담에게는 여전히 이름 짓는 권한이 있었으며, 그 일컫는 바가 곧 그 이름이자 그 본질을 드러내고 운명을 결정하는 것이었습니다. 그런데 첫 아들의 이름을 '소유와 획득'이라고 부른 것입니다. 그렇게 되라는 것입니다. 아담은 아들이 소유와 획득을 통하여 무언가를 이루며 살기를 원했습니다. 여기에 이미 또 다른 비극과 불행의 씨앗이 숨겨져 있는 것입니다.

삶에는 두 가지 종류가 있습니다. '소유의 삶'과 '관계의 삶'입니다.

타락 이전 에덴 동산에서의 삶이 바로 '관계를 통한 삶'이었습니다. 창조주 아버지 하나님과의 영적 관계, 그리고 하와와의 합일된 삶이었습니다. 아담은 하와를 "뼈 중의 뼈요 살 중의 살"이라고 불렀습니다. 나보다 그가 더 중요하다는 뜻입니다. 이것이 곧 사랑이며, 이 사랑의 관계에서 에덴 동산이 지켜지고 행복과 기쁨이 향유됩니다.

그런데 불행히도 그 아름다운 관계의 삶이 선악을 알게 하는 나무의 열매를 '소유'하기 원하고 하나님과 같은 지위를 '획득'하고자 시도함으로써 무너져버렸습니다. 타락이란 소유와 획득을 통하여 무언가를 이루고자 하는 삶을 의미합니다.

아담과 하와는 에덴 동산에서 추방되었으나 여전히 죄 가운데 있었습니다. 무엇이 죄이며 무엇이 타락인지 전혀 깨닫지도 못했고 나아지지도 않았습니다. 그래서 귀한 첫아들에게 '소유와 획득'이라는 이름을 지어 부른 것입니다.

가인은 그 부모가 원하는 대로 그런 인생을 살았고, 같은 태도로 하나님 앞에 섰습니다. 제물을 가져와 하나님 앞에 드리면서 "하나님 제가 이것을 가지고 왔습니다. 이것을 받아주시고 저에게 더 큰 것으로 채워주십시오"라고 하였을 것입니다.

성경을 가장 가슴 아프게 왜곡하는 이야기는, 말라기서를 통해서 십일조를 강조하며 하나님을 시험하여보라는 말입니다.

"너희의 온전한 십일조를 창고에 들여 나의 집에 양식이 있게 하고 그것으로 나를 시험하여 내가 하늘 문을 열고 너희에게 복을 쌓을 곳이 없도록 붓지 아니하나 보라"(말 3:10).

하나님을 시험하는 것은 죄 중에서 가장 큰 죄입니다. 그럼에도 불구하고, 하나님을 시험하여보라는 말씀을 하신 것은 하나님의 마지막 애타는 절규였습니다. 이스라엘의 사악함이 갈 때까지 간 것입니다. 말라기 선지자를 마지막으로 보내시고 하나님은 더 이상 선지자를 보내지 않으셨습니다. 하늘 문을 닫아버리셨습니다. 아무도 듣지 않았기 때문입니다. 그만큼 사람들의 죄악이 절정에 달했습니다.

목회자들치고, 말라기 3장 10절 말씀으로 십일조 설교를 하지 않은 분은 아마도 거의 없을 것입니다. 목회자들이 단지 십일조의 액수에 초점을 맞추어 최고의 죄인 하나님을 시험하여보라는 설교를 서슴지 않고 하고 있진 않은지, 교인들은 장차 받을 하나님의 복에 초점을 맞추고 있진 않은지 잘 살펴야 합니다.

더 큰 소유를 위하여 헌금하는 일은 이제 그만둘 때가 되었습니다. 더 큰 소유를 원하는 기복 신앙으로 인해 한국 교회의 안중에는 아무것도 없는 것이 아닐까요? 헌금은 복채가 아닙니다. 복채란 신에게 바치는 뇌물입니다. 그러나 십일조는, 모든 것이 하나님으로부터 왔음을 인정하며 물질의 10분의 1을 바침으로써, 하나님께 드리는 '신앙 고백'입니다. 하나님께 끝까지 충성하며 그분을 사랑하겠다는 '사랑의 고백'입니다.

가인은 그렇게 하지 않았습니다. 그의 제물에는 사랑과 충성의 고백이 담겨 있지 않았습니다. 저도 뇌물은 사절입니다. 하물며 하나님이 그런 제물을 받으실 리가 없습니다.

"죄를 다스리지 아니하면 죄가 문에 엎드려서" 드나들 때마다 죄에 걸려 넘어지게 된다고 하나님은 경고하셨습니다. 그러나 불행히도 가인은 자신의 죄를 다스리지 않고 그 책임을 동생 아벨에게 전가해버리고 말았습니다.

책임 전가는 죄의 전형적인 모습입니다. 아버지는 자신의 죄를 하나님과 아내와 나무에게, 어머니는 뱀에게 돌리더니, 그 아들은 동생에게 책임을 돌리고 있습니다.

아담과 하와가 범죄한 후, 자신의 죄를 은폐할 생각에 골몰하였듯이, 가인도 한 가지 생각에 사로잡혀 있었습니다. 무슨 생각입니까? '저 아벨만 없어도' 하는 생각입니다. 이것이 소유 및 그에 따른 집착에서 오는 무서운 점입니다. 오직 그 생각뿐, 사고는 경직되고 다른 것은 안중에 없습니다.

가장 먼저 안중에서 사라지는 것은 하나님입니다. 하나님은 제물이나 물질이 필요치 않은 '자존하시는 분'임을 보지 못합니다. 나아가 다른 사람과의 관계를 전혀 보지 못합니다. 그래서 들에서 아벨과 단 둘이 있을 때 동생을 돌로 쳐 죽이는 일을 벌이고 맙니다. 혈육 살해, 그것도 하나밖에 없는 동생 살해. 아담과 하와는 범죄로 인해 에덴 동산에서 추방되고 고된 삶을 살면서, 급기야 아들이 자기 아우를 죽이는 최대의 비극을 마음에 담아야 했습니다. 죄는 죄를 잉태하고 더 큰 죄를 낳게 마련입니다. 소유에 눈이 멀 때, 그 눈은 더 큰 불행을 보게 됩니다.

하나님이 범죄한 아담에게 나타나셨듯이, 범죄한 가인에게도 나타나셨습니다. 하나님이 나타나신 이유가 무엇입니까? 힐책하기 위해서가 절대로 아닙니다. 파괴된 관계를 다시 회복시키기 위해서입니다. 하나님의 질문을 보십시오.

"네 아우 아벨이 어디 있느냐?"

관계를 묻고 계십니다. 가인은 대답합니다.

"내가 알지 못하나이다."

그리고 이런 말을 덧붙입니다.

"내가 내 아우를 지키는 자니이까?"

그렇습니다. 형 가인은 "아우를 지키는 자"입니다. 하나님은 아우와 좋은 관계를 맺기 원하셨고, 서로가 서로를 지켜주기를 원하셨습니다. 좋은 관계를 맺으며 인생을 이루어가기를 하나님은 원하셨습니다. 그러나 소유와 획득을 삶의 목표로 두고 살아가는 가인은, 자신이 아우를 지키는 자라는 사실을 알 리가 없습니다. 동생이 눈에 들어올 리가 없습니다.

주변에 슬픈 일들이 많이 일어납니다. 그중에 재산으로 인하여 형제간에, 부모와 자식 간에, 부부간에 분쟁이 일어나는 수많은 일들을 서글픈 눈으로 바라보게 됩니다. 형제간의 우애가 좋다는 말은 부모가 남겨준 유산이 없다는 말이 되었습니다.

가인은 하나님으로부터 벌을 받습니다.

"땅이 그 입을 벌려 네 손에서부터 네 아우의 피를 받았은즉 네가 땅에서 저주를 받으리니 네가 밭을 갈아도 땅이 다시는 그 효력을 네게 주지 아니할 것이요 너는 땅에서 피하며 유리하는 자가 되리라"(창 4:11-12).

다시 상기하십시오. 이것은 죄에 대한 벌이 아니라, 죄 지은 사람이 반드시 처하게 되는 상황입니다. 아버지의 죄로 말미암아 땅은 가시덩굴과 엉겅퀴로 가득 덮이게 되었고, 아들로 인하여 남아 있는 효력마저 잃게 되었습니다.

세상을 하나님의 시각으로 둘러보십시오. 모든 것이 경제 논리로만 움직입니다. 돈이 많아지자, 모인 사람들이 100원 하던 물건을 10,000원 받자고 결의합니다. 그래서 부자는 더 큰 부자가 됩니다. 그러자 문제가 생겼습니다. 유한한 자원을 놓고 부자들끼리 싸움이 붙었습니다. 이제는 1백만 원이 되고, 계속해서 그 값은 천정부지로 치솟고 있습니다.

자본주의도 갈 때까지 갔습니다. 더 늦기 전에 천박한 자본주의

망령에서 벗어날 방도를 찾아야 합니다. 그래서 하나님의 시각을 가진 전문가들, 교리에 얽매이지 않는 참진리와 자유의 그리스도인들을 교회가 키워내야 할 때입니다.

"너는 땅에서 피하며 유리하는 자가 되리라."

동생을 살해한 벌로 그저 "유리遊離하는 자"가 된다는 것은 너무 약한 벌이 아닌가 하는 생각이 들 것입니다. 과연 그럴까요?

유리하는 자의 벌을 받은 사람들이 또 있습니다. 바로 이스라엘 백성들입니다. 이것은 한참 후에 일어난 일입니다. 홍해를 건너 시내 광야에 도착한 이들이 광야에서 1년 동안 하나님의 훈련을 받은 후, 가데스 바네아에 가서 하나님의 테스트를 받습니다. 각 지파에서 한 명씩 선발되어 가나안 땅에 정탐꾼으로 보내집니다. 그런데 여호수아와 갈렙을 제외한 나머지 열 명은 하나님의 약속을 믿지 못했고 그 땅의 거민들의 장대함에 놀라 스스로 메뚜기라 칭하며 주저앉아버렸습니다. 그러자 모든 백성들이 따라 통곡하며 여호수아와 갈렙을 돌로 치려 하였습니다. 그때 하나님이 나타나셔서 이스라엘 백성들을 책망하시며 다음과 같은 말씀을 하십니다.

"너희의 시체는 이 광야에 엎드러질 것이요 너희의 자녀들은 너희 반역한 죄를 지고 너희의 시체가 광야에서 소멸되기까지 사십 년을 광야에서 방황하는 자가 되리라"(민 14:32-33).

삶의 목적도 모른 채 탐욕에 이끌려 사탄에게 휘둘리면서 부평초처럼 살아가는 삶이 바로 유리하는 자의 삶입니다. 가장 무서운 벌입니다.

유명한 곤충학자 파브르는 하루살이의 삶을 주의 깊게 관찰하던 중, 매우 중요한 사실을 발견하였습니다. 하루살이들은 아무런 목적 없이 무턱대고 앞에서 날고 있는 놈만 따라서 그저 빙글빙글 돈다는 것입니다. 어떤 방향이나 목적지도 없습니다. 그렇게 무턱대고 한 일주일 정도 계속해서 날다가 결국은 죽는다고 합니다.

가인도 하나님께 제사를 드렸고 이스라엘 백성들도 하나님의 선택된 백성이었습니다. 그럼에도 그들은 유리하는 자가 되었습니다. 소유와 획득으로 인생을 채우려는 사람들은 유리하는 자의 삶을 살 수밖에 없습니다. 우리도 소유와 획득을 위해 이리저리 유리하는 자가 아닌지요?

"비전vision을 가진 리더들은 인생의 자원들을 자신에게 대여된 상태로 보는 반면, 제한적이고 경직된 사고의 소유자들은 인생의 자원들을 획득된 상태로 본다."

켄 블랜차드Ken Blanchard의 말입니다(《1분 경영수업》 중에서). 인생의 자원들을 하나님으로부터 허락되고 대여된 상태로 보지 않고 내 것, 내 소유로 획득된 것으로 보는 사람의 시야는 제한적이고 그런 사람들의 사고는 경직될 수밖에 없습니다.

전혀 다른 차원, 전혀 다른 가치의 삶을 살 때가 되었습니다. 소유가 아니라 관계를 소중하게 여기면서 그 관계를 통하여 자아를 고귀하게 실현해가는 삶, 그래서 하나님께 영광을 돌리고 이웃과 사회에 덕을 끼치며 존귀한 영적 지도자의 삶을 사는 그리스도인들이 되어야 할 때입니다. 유리하는 사람들을 이끌어내서 젖과 꿀이 흐르는 가나안 땅으로 인도하는 영적 지도자가 필요한 때입니다. 세상, 나아가서는 자연까지도 탄식하면서 그와 같은 영적 지도자들을 애타게 기다리고 있습니다.

번영을 약속하며 사람들을 하나님 앞으로 불러내고 일신의 안녕과 평안을 갈구하며 주 앞으로 나갔던 시대, 치유와 부귀영화를 하나님의 은총의 증거로 택했던 시대에 이제는 종언終焉을 고해야 합니다.

가장 큰 계명이 무엇이냐는 질문을 받고 주님은 이렇게 말씀하십니다.

"네 마음을 다하고 목숨을 다하고 뜻을 다하여 주 너의 하나님을 사랑하라 하셨으니 이것이 크고 첫째 되는 계명이요 둘째도 그와 같으니 네 이웃을 네 자신같이 사랑하라 하셨으니 이 두 계명이 온 율법과 선지자의 강령이니라"(마 22:37-40).

기독교는, 하나님을 잘 섬겨 복을 듬뿍 받겠다는, '소유의 종교'가 아닙니다. 기독교는, 바르고 따뜻한 관계로 무너진 세상을 바로 세우는, '관계의 종교'입니다.

19

강 | 창세기 4 : 11 - 17

캐딜락 Cadillac
캐딜룩 Cadillook

가인의 표식은 어떤 특정한
표식이 아닙니다.
인생의 행적과 연륜이
그 얼굴에 드러나는 것처럼
나도 모르는 사이에 가인의 표식을
지니게 될 수도 있습니다.

The Story of
Heaven

캐딜락Cadillac을 아십니까? 그럼 캐딜룩Cadillook도 아십니까?

　미국 최고의 차 캐딜락. 그런데 겉모습은 캐딜락이지만 엔진은
중고 싸구려 재생 엔진을 달고 다니는 차가 있습니다. 캐딜락처럼
보인다고 해서 '캐딜룩'이라 부릅니다.

　우리 주변에는 캐딜룩 인생을 사는 사람들이 너무 많습니다. 그
런 인생은 아무리 열심히 살아도 끝내는 가짜로 끝납니다. 자신을
명품으로 가리고 그럴듯한 태도로 위장해도 본래의 모습이 드러나
게 마련입니다.

　마흔이 넘으면 스스로의 얼굴에 책임을 져야 한다는 말이 있습
니다. 그동안 어떻게 살았는가의 결과가 그 얼굴에 나타난다는 말
입니다. 원래 잘생긴 얼굴은 아니지만 날이 갈수록 그 얼굴에 고귀

한 품성이 드러나며 중후한 멋을 풍기는 사람이 있습니다. 그런가 하면 원래는 아주 아름답고 잘생겼는데 날이 갈수록 천박해 보이는 사람도 있습니다.

하나님은 뇌물로 바친 가인의 제사를 거부하셨습니다. 그런데 가인은 자신의 제사가 거부된 이유를 동생 아벨에게 떠넘기고 아벨의 목숨을 빼앗아가버립니다. 그 결과 땅은 황폐해지고 사람들은 가인을 피하게 되었습니다. 결국 가인은 땅에서 유리하는 자가 되어버렸습니다.

그런데 유리遊離하는 자가 되리라는 하나님의 말씀에 대한 가인의 반응에 우리는 귀를 기울일 필요가 있습니다.

"내 죄벌이 지기가 너무 무거우니이다"(창 4:13).

동생을 죽인 엄청난 죄에 대한 대가로 '유리하는 자'가 된다는데, 가인은 그 벌이 너무 중하다고 하나님께 항변하고 있습니다. 동생을 죽이고도 아무런 벌도 받지 않겠다는 것일까요? 그럴 수도 있겠지만, 가인보다 못한 사람들이 의외로 많습니다.

그런 사람들은 동생이나 다른 사람들에게 피해를 주지 않았으므로 자신이 가인보다 낫다고 생각합니다. 그런데 정작 삶의 목표나 방향도 없이 아무렇게나 살아갑니다. 때로는 하찮은 목표를 세우고 그것을 이루느라 허둥댑니다. 그런 삶이 바로 '유리하는 삶'입니다. 정말 심각한 것은 그렇게 살면서도 전혀 개의치 않는 것입니다. 바로 이런 사람들이 가인보다 못한 사람들입니다.

가인이 덧붙이는 말을 주목할 필요가 있습니다. "주께서 오늘이 지면에서 나를 쫓아내시온즉 내가 주의 낯을 뵈옵지 못하리니 내가 땅에서 피하며 유리하는 자가 될지라. 무릇 나를 만나는 자마다 나를 죽이겠나이다"(창 4:14).

가인이 두려워하는 것은 세 가지입니다. 첫째, 주의 낯을 뵈옵지 못하게 되는 것, 둘째, 유리하는 자가 되는 것, 셋째, 죽임을 당할 것을 걱정하고 있습니다.

과연 나는 무엇을 걱정하고 있습니까? 과연 우리들은 주의 낯을 뵈옵지 못할 것을 걱정하고 있습니까? 죽는 것만 두려워하며 전전 긍긍하고 있지 않습니까?

하나님이, 걱정하는 가인에게 주신 것은 바로 그 유명한 '가인의 표식'입니다.

"그렇지 아니하다. 가인을 죽이는 자는 벌을 칠 배나 받으리라 하시고, 가인에게 표를 주사 그를 만나는 모든 사람에게서 죽임을 면하게 하시니라"(창 4:15).

사람들은 가인의 표식이 과연 어떻게 생겼을까 궁금해합니다.

먼저, 가인의 표식은 어떤 특정한 표식이 아닙니다. 인생의 행적과 연륜이 그 얼굴에 드러나는 것처럼 나도 모르는 사이에 가인의 표식을 지니게 될 수도 있습니다.

둘째, 그 대상이 가인이라 하더라도 생명을 죽이는 일은 하나님 앞에 큰 범죄입니다. 하나님은 가인도 한 생명으로 보십니다. 그래서 가인이라 할지라도 다른 사람에 의해 생명을 잃는 일을 면케 하셨습니다. 가인에게도 하나님께로 돌아올 가능성을 열어 두신 것입니다. 이것이 하나님이 가인에게 표식을 달으신 진짜 이유입니다.

가인의 표식의 정체는 무엇일까요? 다음 구절에 주목해야 합니다.

"아내와 동침하매 그가 임신하여 에녹을 낳은지라. 가인이 성을 쌓고 그의 아들의 이름으로 성을 이름하여 에녹이라 하니라"(창 4:17).

이 내용은 가인의 자손들이 어떻게 살았는지 보여주고 있습니다. 가인은 하나님 앞을 떠나 에덴 동편 놋 땅에 정착하고 결혼을 하여 자녀를 낳고 살았습니다.

많은 사람들이 이 대목에서 꼭 이런 질문을 합니다. "가인과 결혼한 여인은 과연 어디서 왔는가? 아담과 하와가 첫 인류라면 가인이 아벨을 죽였으므로 다른 사람은 없었을 것 아닌가?"

그런데 창세기 4장은 인구 조사 목적으로 기록된 것이 아닙니다. 어떤 글이든 주제가 있고 목적이 있습니다. 창세기 4장의 목적은, 에덴 동산에서 추방된 아담과 하와가 여전히 자신의 죄를 깨닫지 못했으며 그 죄는 가인에 의해서 더욱 깊어진다는 사실을 보여주는 것입니다.

성경은 과학이나 지식을 위한 책이 아닙니다. 논리를 위한 책도 아닙니다. 그리스도 예수 안에 있는 믿음으로 말미암아 구원에 이르는 지혜가 있게 하기 위한 책입니다. 그래서 이 책을 거룩하다고 말합니다. 바로 이것이, 사도 바울이 그 믿음의 아들 디모데에게 말한 성경을 기록한 목적입니다. 그러므로 성경은 항상 구원과 관련하여 읽혀야 합니다. 그래야 비로소 성경의 본 뜻인 하나님의 마음을 제대로 이해할 수 있습니다.

"아다는 야발을 낳았으니 그는 장막에 거주하며 가축을 치는 자의 조상이 되었고 그의 아우의 이름은 유발이니 그는 수금과 퉁소를 잡는 모든 자의 조상이 되었으며 씰라는 두발가인을 낳았으니 그는 구리와 쇠로 여러 가지 기구를 만드는 자요 두발가인의 누이는 나아마였더라"(창 4:20-22).

가인과 그 자손들은 성을 쌓고, 결혼도 하고, 자녀도 낳으며, 생업을 위하여 육축을 치기도 하고, 수금과 통소를 만들기도 하고, 기계를 만들기도 하면서 살아갑니다. 겉으로 보면 보통 사람들과 다름없는 삶입니다. 그런데 주목해야 할 구절은 4장 23절입니다.

"아다와 씰라여 내 목소리를 들으라. 라멕의 아내들이여 내 말을 들으라. 나의 상처로 말미암아 내가 사람을 죽였고 나의 상함으로 말미암아 소년을 죽였도다. 가인을 위하여는 벌이 칠 배일진대 라멕을 위하여는 벌이 칠십칠 배이리로다 하였더라"(창 4:23-24).

가인의 자손 라멕이 아내에게 하는 말입니다. 라멕이, 어떤 연유로 그렇게 되었는지는 모르나, 상처를 입었습니다. 여기서 '상처'란 몸의 상처나 마음의 상처를 말합니다. 말로 인한 상처처럼 아주 소소한 것일 수도 있습니다. 하여튼 그 일로 라멕은 사람을 죽였습니다. 그리고 이렇게 말합니다. "가인을 위하여는 벌이 칠 배일진대 라멕을 위하여는 벌이 칠십칠 배이리로다."

이 말의 뜻이 무엇입니까? '증오의 증폭'을 말합니다. 나에게 일만 원의 손해를 입혔느냐? 가인은 칠만 원어치의 복수를 하지만, 나 라멕은 칠십칠만 원어치의 복수를 한다는, 그런 뜻입니다.

사람은 무엇으로 삽니까?

어떤 사람들은 사랑과 은혜로 살아갑니다. 그런데 의외로 많은 사람들이 증오의 힘으로 살아갑니다. 우리가 얼마나 미움과 증오

로 가득 차 있으며, 또 미움과 증오에 익숙해져 있는지, 그 실체를
알면 놀랄 것입니다.

스스로에게 한 가지 질문을 해보십시오. 은혜를 오래 기억하십
니까? 아니면 상처를 오래 기억하십니까? 많은 사람들이 하나님
의 은혜는 물론, 다른 사람의 은혜도 쉽게 망각해버립니다. 누군가
가 자신에게 말 한마디 잘못했다가는 두고두고 원수가 됩니다.

옛 시절 제 친구의 누이동생이 가출을 했습니다. 그때 그 누이는
고등학교 1학년 학생이었습니다. 어머니가 오빠에게만 신경 쓰기
때문에 자신은 늘 찬밥 신세라는 것입니다. 그러고는 돌아오지 않
았습니다. 어머니는 이후 이사도 가지 않고 현관문도 잠그지 않았
습니다. 도둑들이 제 집 드나들 듯했습니다. 작은 서운함이, 낳고
키워준 크나큰 은혜를 삼켜버린 것입니다. 동시에 자신의 인생도
먹혀버렸습니다. 많은 사람들이 이렇듯 미움과 증오로 살아가고
있습니다.

'증오의 증폭'이 바로 가인의 표식입니다.

가인의 표식을 지닌 사람들은 주위의 사람들이 가까이 가지 않
고 피한다는 특징을 가지고 있습니다. 사람들이 그 표식을 알아본
다는 것입니다.

과학자들이 실험을 하였습니다. 식물에다 센서를 설치하고 반응

을 조사했습니다. 따뜻한 마음을 가지고 꽃을 돌볼 때는 그 꽃들이 기뻐하는 신호를 보냅니다. 그러나 위협하는 마음을 가지고 다가갈 때는 그 식물이 두려워하며 벌벌 떠는 신호를 보낸다고 합니다. 나쁜 마음, 증오심, 복수하려는 마음은 아무리 가리려고 해도 끝내는 드러나게 되어 있습니다. 그리고 사람들은 그를 가까이 하려 하지 않습니다.

조직 폭력배나 불량배 들이 스스로 새기는 문신이나, 남을 위협하기 위해 사용하는 복장이나 장비, 얼굴 표정 등은 모두 가인의 표식의 범주에 해당됩니다. 히틀러와 같은 포악한 독재자와 그들의 군대들은, 집단적으로 드러난 가인의 표식이라 할 수 있습니다.

갈라디아서 5장 19-21절은 "육체의 일"에 대해 열거하고 있습니다. "육체의 일은 분명하니 곧 음행과 더러운 것과 호색과 우상 숭배와 주술과 원수 맺는 것과 분쟁과 시기와 분냄과 당 짓는 것과 분열함과 이단과 투기와 술 취함과 방탕함과 또 그와 같은 것들이라." 그런데 이 구절은 이렇게 시작됩니다. "육체의 일은 분명하니." 육체의 일은 감추려고 해도 쉽게 눈에 띄며, 쉽게 드러난다는 것입니다.

이렇게 가인은 증오와 미움의 표를 달고 하나님 앞을 떠났습니다. 그리고 에덴 동편 놋 땅에서 살게 되었습니다.

에덴의 동편 놋 땅은 어디일까요?

기억할 것이 있습니다. 에덴 동산은 장소적인 개념이 아니라고 하였습니다. '에덴'은 '생명, 기쁨, 행복'이라는 영적 개념입니다. 마찬가지로 에덴의 동편 '놋' 땅 역시 장소적인 개념이 아닙니다. 놋은 '방황하고 유리하다'라는 뜻입니다.

하나님 앞을 떠나면 누구나 방황하고 유리하면서 살게 됩니다. 돈을 쫓고, 권력과 쾌락을 쫓고, 귀중한 생명과 시간을 낭비하며 방황합니다. 그러다가 생기는 증오와 미움으로 아무 일도 하지 못하고 복수심만 증폭시키며 살다가 생을 끝맺습니다. 바로 이것이 놋 땅에서의 삶입니다.

《그러니까 당신도 살아》라는 자서전을 쓴 일본 여인 오히라 미쓰요는 현직 변호사입니다. 삼십대 중반의 이 여인은 실로 파란만장한 삶을 살았습니다. 아마가사끼에서 태어나, 중학교 3학년 때 이지매(집단 따돌림)를 견디다 못해 자살을 기도하였습니다. 자살은 실패로 돌아갔고 목숨은 겨우 건졌지만 학교를 그만두고 폭주족과 어울리는 문제아가 되었습니다. 열여섯 살의 어린 나이에 야쿠자 두목과 결혼하였습니다. 그녀는 진짜 야쿠자가 되기 위하여 온몸에 문신까지 하였지만, 결국 그 결혼은 6년 만에 파경을 맞습니다. 그러다가 술집에 흘러들었고 그 술집에서 우연히 아버지의 친구분을 만나게 되었습니다. 아버지의 친구는 오히라 미쓰요에게 간곡한 권유를 하였고, 이에 그녀는 그런 삶을 청산합니다. 그러나 학력이 중학교 중퇴라 취직을 할 수도 없었던 그녀는 이를 악물고 다시 공부를 시작하였습니다. 그리고 마침내 그 어려운 사법 시험에 합격하여 변호사가 되었습니다.

새로운 인생을 시작한 미쓰요는 오사카에서 변호사로 개업하여 주로 문제 청소년을 위해 일하고 있습니다. 그녀는 이렇게 말합니다. "누구도 과거는 지울 수 없습니다. 그러나 인생은 반드시 새로 시작할 수 있습니다." 미쓰요에게는 몸의 문신이 바로 눈에 보이는 가인의 표식일 수도 있습니다. 그러나 더 큰 표식은 그녀의 마음에 남아 있는 상처와 증오와 복수심과 절망감이었습니다. 그런데 그녀의 '가인의 표식'을 지우게 된 계기는 아버지의 친구 분의 간곡한 권유였습니다.

인간의 영혼, 특히 청소년들의 상한 영혼에 깊은 동정심을 느끼는 미쓰요는 몇 년 전 한국에 와서 소년원의 아이들에게 강연을 하여 큰 감명을 주기도 하였습니다. 이 소년원 아이들에게 강연하기 위해서 미쓰요는 열심히 한국말을 배울 정도로 그 열정이 대단했습니다.

원래 사도 바울은 사울이었습니다. 그 또한 가인의 표식을 가졌던 사람입니다. 예수를 향한 증오심으로 가득했던 인물로, 기독교를 파괴하고 기독교인들을 말살하는 일에 앞장섰던 사람입니다. 살기등등하여 기독교인들을 잡으러 다마스커스로 가는 길에서 생명의 주님을 만납니다. 그 만남으로 인하여 바울에게 있던 가인의 표식이 말끔히 지워졌습니다. 그 사도 바울은 훗날 이렇게 고백합니다.

"내 몸에 예수의 흔적을 지니고 있노라"(갈 6:17).

예수님은 우리에게 남아 있는 가인의 표식을 지워주시기 위하여 십자가 고난을 참으셨습니다. 손과 발 그리고 옆구리에 못 자국과 창 자국을 내어 피를 흘리셨습니다. 예수님의 사랑의 피만이 가인의 표식을 지울 수 있습니다. 그것이 예수의 흔적입니다.

내 몸에 지닌 것은 '가인의 표식'입니까, '예수 그리스도의 흔적'입니까?

20강 | 창세기 5:24-32

진짜배기 믿음

하나님은 사변적이고 관념적인 사랑이 아니라
십자가에서 기꺼이 목숨을 바치는,
피가 뚝뚝 떨어지는 진짜 사랑으로
우리를 사랑하십니다.

The Story of
Heaven

머리가 둘이지만 몸이 하나로 붙어서 태어나는 아기가 있습니다. '샴쌍둥이'라고 합니다. 요즘에도 가끔 이런 아기가 태어납니다.

어느 유대 여인이 샴쌍둥이를 데리고 랍비에게 왔습니다. "랍비님, 이 아기의 이름을 지어야 하겠는데, 머리가 둘이니 이름을 둘로 지어야 할지, 몸은 하나이니 이름을 하나로 지어야 할지 몰라 이렇게 왔습니다."

랍비는 깊은 숙고 끝에 아기의 머리 하나를 세게 때렸습니다. 그러자 맞은 머리의 아기가 울기 시작합니다. 하지만 다른 머리의 아기는 가만히 있었습니다. 그러자 랍비는 이름을 따로 지어 주었습니다. 비록 몸은 하나이지만 느끼는 바가 각각 다르므로 이름을 두 개 지어준 것입니다. 만약에 둘 다 동시에 울었다면 비록 머리는 둘이지만 함께 아파하므로 이름을 하나만 지어주었을 것입니다.

이렇게 함께 느끼는 것을 '총체적인 사랑'이라고 말합니다. 히브리어로 '야다'라고 합니다. 함께 좋아하고 함께 슬퍼하며 함께 행동하는 것을 말합니다. 아기는 엄마의 이름도 나이도 학벌도 배경도 알지 못합니다. 그러나 저렇게 생긴 저 여자가 나를 가장 사랑하며 좋아한다는 것을 누구보다도 잘 알고 있습니다. 체험적으로 안 지식입니다. 그래서 그 엄마가 없으면 불안해하고 슬퍼합니다. 이때 "아기는 엄마를 '야다' 하고 엄마는 아기를 '야다' 한다"고 말할 수 있습니다.

"아담이 다시 자기 아내와 동침하매 그가 아들을 낳아 그의 이름을 셋이라 하였으니"(창 4:25).

'동침하다'라는 말도 '야다'라는 동사를 씁니다. 이 '야다'라는 동사는 매우 다양하고 풍부한 의미를 지니고 있습니다. '알다', '믿다', '사랑하다', '속속들이 알다', 나아가 '헌신하다', '다 내어주다'라는 의미로도 사용됩니다. '하나님이 우리를 사랑하신다'라고 할 때에도 '야다'라는 동사를 씁니다. 그러므로 그 구체적인 뜻은 '하나님은 우리를 속속들이 알고 계시며 우리가 비록 부족하지만 믿으시며 사랑하신다'는 뜻입니다. 하나님은 사변적이고 관념적인 사랑이 아니라, 십자가에서 기꺼이 목숨을 바치는, 피가 뚝뚝 떨어지는 진짜 사랑으로 우리를 사랑하십니다. 우리도 예수님을 '야다' 해야 합니다. 이 '야다'라는 동사는 참신앙이 어디를 지향해야 하는지, 그 방향을 알려줍니다. 그래서 기독교에서 가장 소중한 동사입니다.

아벨은 죽고 가인은 놋 땅으로 떠나버렸습니다. 미어지는 가슴을 끌어안고 우는 아담과 하와에게 하나님이 귀한 아들을 주셨습니다. 아픈 만큼 성장합니다. 그들은 세 번째 아들을 진정으로 '야다'하였습니다. 하나님의 뜻에 합당하게 잘 키웠습니다.

그런데 재미있는 것은 세 번째 아들 '셋'의 이름을 하와가 지었다는 사실입니다. 예나 지금이나 통상 남자가 이름을 짓습니다. 이것은 남자의 특권입니다. 그런데 셋의 이름은 하와가 지었습니다. '셋'의 뜻은 '대신하다'입니다. 떠나버린 장자 가인을 대신하는 동시에 하나님을 올바로 섬긴 아벨을 대신하는 존재인 것입니다.

"셋도 아들을 낳고 그의 이름을 에노스라 하였으며 그때에 사람들이 비로소 여호와의 이름을 불렀더라"(창 4:26).

"여호와의 이름을 불렀더라." 이 간단한 행위에 이르기 위해 그 많은 일을 겪어야 했습니다. 그런데 여호와의 이름을 부르는 행위,

곧 예배에 이르기 위해서는 그 어떤 대가를 치러도 상관이 없습니다. 예배는 "영원한 복음"(계 14:6)이며, 육신을 벗은 하늘나라에서도 하나님께 마땅히 드려야 하는 것입니다. 예배는 하나님의 사람의 의무이자 특권이며, 이 땅에서부터 하나님께 예배를 드린다는 것은 "구원의 증거"(출 3:12)입니다.

성경에는 많은 족보들이 기록되어 있습니다. 그 수많은 족보들은 정확히 두 부류로 정확하게 나뉠 수 있습니다. 하나는 하나님의 사람들의 계보이며, 또 다른 하나는 하나님의 대적자들의 계보입니다. 창세기 4장 17-22절까지는 가인의 계보이고, 창세기 4장 25절-5장 32절까지는 셋의 계보입니다.

그런데 이 두 계보를 자세히 들여다보면 확연하게 드러나는 차이점이 있습니다.

가인의 후손들은, 성을 쌓고 자기 이름을 높이 붙입니다. 또한 육축을 치는 자, 수금과 통소를 잡는 자, 동철로 각양 날카로운 기계를 만드는 자와 같이, 직업으로 그들을 설명하고 있습니다. 가인의 후손들은 스스로의 힘으로 살아가며 많은 문명의 소산들의 창시자가 됩니다. 그러나 그들은 세상에 유리하는 자로서 증오를 증폭시키며 삶을 영위합니다.

반면 셋의 이름의 또 다른 의미는 '안정安定'입니다. 그는 유리하는 대신, 안정을 이루며 살아갑니다. 더욱이 셋은 아들의 이름을 '에노스'라 지었는데, 그 뜻은 '죽음으로 사라질 존재'입니다.

셋은 자기 자신이 누구이며 어떠한 삶을 살아야 하는지 잘 알았습니다. 하나님 없는 삶의 허무함과 공허함을 누구보다도 잘 알았습니다. 그래서 아들의 이름을 에노스라 지었으며, 그 아들도 아버지의 뜻을 잘 알고 성실히 하나님 앞으로 나아갔습니다.

창세기 5장에는 하나님의 사람들의 계보가 기록되어 있습니다. 아담과 그 후의 사람들이 태어나고 살다 간 햇수와 죽음 등이 기록되어 있습니다.

"그 시절 사람들은 어떻게 그토록 오래 살 수 있었습니까?" 이 질문은 창세기 5장에 이르면 으레 하는 질문입니다. 그도 그럴 것이 아담이 930년, 셋이 912년, 에녹이 905년, 가장 오래 산 사람 무드셀라는 969년을 살다가 죽었기 때문입니다.

왜 그토록 오래 살았는지 그 이유는 알지 못합니다. 성경 어디에도 그 이유를 밝히지 않고 있습니다. 어떤 주석에는, 당시에는 장수할 수 있는 환경이 조성되었기 때문이라고 하지만 쉽게 납득이 가지 않는 근거입니다. 저는 성경에 기록되지 않은 것은 하나님이 우리가 몰라도 된다고 생각하시기 때문에 그렇게 하신 것으로 믿고 있습니다. 그래서 그냥 하나님의 신비로 남겨두기로 합니다.

하지만 한 가지 꼭 알아두어야 할 것이 있습니다. 사람들은 숫자에 엄청난 관심을 기울입니다. 그러나 하나님은 숫자에는 별로 관심이 없으십니다.

히브리 명상법 중에 '촉루 명상'이라는 것이 있습니다. 사람의 해골을 뜻하는 '촉루'를 앞에 놓고 고요히 명상하는 명상법입니다. 이는 삶을 열 단계로 구분하고 탄생에서 죽음까지 그리고 죽음 이후까지 꿰뚫어보게 하는 명상법입니다.

마지막 10단계 명상의 내용은 이렇습니다.

"땅 속에 묻힌 지 300년 내 모든 것은 흔적도 없이 사라지고 나를 기억해주는 모든 사람들과 내가 남긴 모든 업적들이 사라진 뒤 이름 모를 들꽃들이 피고 산새들이 지저귈 내 무덤자리를 묵상하십시오. 어쩌면 내가 묻힌 곳에 새로운 도시가 서고 전혀 모르는 낯선 사람들이 지나다니고 있을지도 모릅니다."

그런데 이 촉루 명상이 단지 인생의 허무함으로 끝나버린다면 아무런 의미가 없을 것입니다. 내 육체는 먼지로 화하여 모두 허공 속으로 사라져버리지만, 내 영은 하나님의 은총 가운데 거합니다. 내 영은 하나님과 얼굴과 얼굴을 맞대어보고 있으며 주께서 나를 아신 것처럼 나도 인생의 궁극적인 의미를 비로소 알고 잠시 머물 렀던 땅에서도 내가 하나님의 자녀됨을 알게 하신 것에 감사하게 됩니다.

그러므로 먼지만도 못한 우리 인생 너머에 계시는 하나님을 발 견하게 하는 것이 이 촉루 명상의 목적입니다.

창세기 5장의 기록을 읽노라면, 저는 촉루 명상을 하는 것 같습 니다. 얼마를 살든지 하나님의 은총입니다. 그리고 이제는 인생의 연수나 재산, 숫자에 연연하지 말았으면 좋겠습니다. 그들이 살다 간 연수에서 관심을 돌려, 촉루 명상을 하듯 본문을 자세히 들여다 보면 서서히 안개가 걷히고 하나님의 깊고 신비한 경륜이 눈에 들 어오기 시작합니다.

아담에서 노아에 이르기까지 2000년의 세월이 창세기 5장에 기 록되어 있습니다.

제일 먼저 우리가 보아야 할 것은 이 계보가 하나님의 사람의 계 보라는 점입니다. 2000년의 세월 동안 수많은 사건과 위험과 우여 곡절이 있었을 것입니다. 그러나 하나님은 그들을 보호하셨고 하나 님의 구원 역사는 그 모든 것을 극복하고 면면히 이어지고 있습니 다. 하나님은 그들을 '야다'하셨습니다. '야다'란 '사랑하다', '신뢰 하다'라는 뜻과 함께 '낱낱이 속속들이 알고 있다'는 의미를 가지고 있다고 하였습니다. 그들의 연수가 정확히 기록되었다는 것은 모든 것을 속속들이 알고 계시는 하나님의 사랑의 증거들입니다.

두 번째로 기억해야 할 것은, 이 사람들에 의해서 하나님의 구원 역사가 이루어졌다는 것입니다. 이들은 하나님의 구원 역사의 산 증인들이며 하나님의 은총을 담아내는 그릇이었습니다.

인생은 80여 년이며 아무리 길어도 100년을 넘기기 어렵습니다. 그 인생에 얼마나 많은 걸림돌들이 있습니까? 갈등과 유혹 또한 얼마나 많습니까? 위험과 방황의 수없는 고비들이 있습니다. 하물며 900년의 세월을 살아야 하고 견뎌야 했던 그분들의 신앙이 얼마나 치열했을까를 마음속에 그려보십시오. 조선의 역사도 500년에 불과한데 그 500년 동안 얼마나 많은 일들이 벌어졌습니까?

이 이름들이 남겨진 이유는 단 하나, 그 장구한 세월 동안 그들이 하나님에 대한 신앙을 지켰기 때문입니다. 이분들을 설명하는 공통된 구절은 "여호와의 이름을 불렀다"는 것입니다. 그 길고 긴 세월을 여호와의 이름을 부르며 의지하고, 경배하며 견뎌냈습니다. 그 업적이 중요한 것이 아닙니다. 이들은 견디고 참으며 인내의 예물을 하나님께 드린 것입니다.

세 번째, 이 계보는 혈통적인 계보가 아니라 '신앙의 계보'라는 점입니다. 이 사람들은 혈통적으로는 장남들만 있었던 것이 아니었습니다. 인간의 계보는 장남들에 의해서 이어져 내려오지만, 신앙의 계보는 그렇지 않습니다. 이분들은 신앙의 맏아들들이었습니다.

"하나님이 미리 아신 자들을 또한 그 아들의 형상을 본받게 하기 위하여 미리 정하셨으니 이는 그로 많은 형제 중에서 맏아들이 되게 하려 하심이니라"(롬 8:29).

이 세상에 태어나 가장 심혈을 기울여야 하는 일은 믿음의 맏아들이 되는 것입니다. 이 믿음의 맏아들에게 주시는 하나님의 약속이 있습니다.

"또 미리 정하신 그들을 또한 부르시고 부르신 그들을 또한 의롭다 하시고 의롭다 하신 그들을 또한 영화롭게 하셨느니라"(롬 8:30).

이분들은 하나님이 정하시고 부르시고 의롭게 하시고 마침내 영화롭게 하신 분들입니다. 이 모든 과정을 믿음으로 인내로 견디고 받고 누린 분들입니다.

예수님이 사람들에 둘러싸여 계실 때에 한 사람이 예수님의 모친과 동생들이 왔다고 알립니다. 그러자 주님은 뜻밖의 말씀을 하십니다.

"누가 내 어머니이며 내 동생들이냐 하시고 손을 내밀어 제자들을 가리켜 이르시되 나의 어머니와 나의 동생들을 보라"(마 12:48-49).

사람들은 깜짝 놀랐을 것입니다. 바로 제자들이 예수님의 혈육이라는 것입니다. 이어서 말씀하시기를, "누구든지 하늘에 계신 내 아버지의 뜻대로 하는 자가 내 형제요 자매요 어머니이니라"(마 12:50) 하셨습니다. 가족에 대한 전혀 새로운 개념을 선포하신 것입니다. 혈육이 아닌, 신앙에 의한 가족 공동체입니다.

이분들은 우리와는 혈통적으로는 아무 관계가 없고 또한 시대적으로도 멀리 떨어져 있습니다. 그러나 이분들은 하나님 가족들의 까마득한 선조입니다.

더욱이 에녹은 우리가 본받아야 할 믿음의 조상입니다. 에녹은 창세기 5장에 기록된, 그 누구보다 하나님을 깊이 사랑하며 평생을 하나님과 동행한 사람이었습니다. 그래서 죽음의 고통을 맛보지 않는 복을 누렸습니다. 이러한 기록을 남긴 이유는 우리 또한 하나님을 깊이 사랑하며 평생을 하나님과 동행하기를 원해서입니다. 수많은 업적을 남기는 것보다 묵묵히 하나님과 동행하는 삶이 더 귀합니다.

또한 노아는 타락한 세상에서 어떻게 살아야 하는지를 가르쳐준 훌륭한 믿음의 선조입니다. 노아란 '하나님의 위로'라는 귀한 뜻을 지닌 이름입니다. 노아를 통하여 하나님의 위로가 광야 같은 이 땅에 임하게 되었던 것입니다.

하나님을 '야다' 하십시오.

하나님의 뜻대로 행하셔서 모두 다 하나님의 가족이 되십시오.

하나님과 동행하십시오.

그리하여 이 거룩한 계보 맨 끝에 내 이름이 기록되게 하십시오.

5

멸망과
새로운 출발

"여호와께서 노아에게 이르시되 너와 네 온 집은 방주로 들어가라. 이 세대에서
네가 내 앞에 의로움을 내가 보았음이니라. 너는 모든 정결한 짐승은 암수 일곱
씩, 부정한 것은 암수 둘씩을 네게로 데려오며, 공중의 새도 암수 일곱씩을 데려
와 그 씨를 온 지면에 유전하게 하라"(창 7:1-3).

21

강 | 창세기 6 : 1 - 7

인간은 얼마나 오래 살까?

육체의 생명이 살아 있는 동안
무엇을 해야 할까요?
죽은 영혼을 살리는 일,
성령으로 하여금 내 안에 거하게 하는 일입니다.
예수님의 생명을 내 것으로 하는 일입니다.

The Story of
Heaven

한 모임에서 어떤 신부님으로부터 이런 말을 들었습니다. "한국 가톨릭은 로마 가톨릭보다 더 로마적입니다." 이 말을 듣고 저는 깜짝 놀랐습니다. 그 전에도 이와 비슷한 말을 들은 적이 있기 때문입니다. 유학 시절 한 미국인 교수가 이런 말을 했습니다. "한국 기독교는 미국 기독교보다 더 미국적이다." 그래서 저는 그 신부님에게 이유를 물었습니다. 그러자 이같이 대답하였습니다. "생명이 없으면 껍질만 단단해지기 때문입니다."

깊이 음미해야 할 말입니다. 생명이 있는 것은 언제나 유연합니다. 계속해서 성장합니다. 상황에 맞게 잘 적응합니다. 그러면서도 그 본질이나 생명력을 유지하며 살아 있습니다.

그런데 생명을 잃게 되면 그 체제라도 유지하려고 합니다. 그래서 그 공동체를 유지하기 위하여 제도와 규정을 강화하고 구성원들이 흩어지지 못하도록 억압하며 그 틀을 강화하는 데 많은 에너지를 쏟아 붓게 됩니다. 율법을 엄격하게 적용했던 유대교와 바리새인들이 그 대표적인 예입니다. 로마 가톨릭으로부터 배운 체제와 틀을 강화하다보니까 더 로마적일 수밖에 없게 되었다는 것입니다. 이는 솔직하고 겸허한 신부님이 스스로 점검하며 내린 반성의 결론이며 또한 우리가 타산지석으로 삼아야 할 말씀입니다.

"한국 기독교는 미국 기독교보다 더 미국적이다." 이 역시 깊이 되새겨봐야 할 말입니다.

이러한 현상은 비단 집단이나 공동체에만 국한되는 것이 아닙니다. 한 개인에게도 적용됩니다. 내 안에 참생명은 간 데 없고, 그저 육체만을 유지하는 시스템만 작동하고 있는 것이 아닐까요?

"하나님의 아들들이 사람의 딸들의 아름다움을 보고 자기들이 좋아하는 모든 여자를 아내로 삼는지라"(창 6:2).

이 말씀에서 하나님의 사람들과 사람의 딸들이 등장하고 있습니다. 과연 이들이 누구냐를 놓고, 많은 이견들이 있습니다. 어떤 분들은 고대 그리스 신화를 떠올릴 것입니다. 그러나 창세기 6장은 그런 신화나 신화적 존재와는 전혀 관계가 없습니다.

'하나님의 아들들'은 '영적인 존재'들을 말하며, '사람의 딸들'은 하나님을 모르는 '육적인 존재'들을 말합니다.

세상을 살다보면 이 두 계보가 서로 혼합되는 경우가 흔히 있습니다. 그런데 이렇게 혼합될 때에, 생물학적으로는 우성 인자가 두드러지게 마련인데, 신앙적으로는 그 반대입니다. '육적 인자因子'가 '영적 인자'를 누르게 됩니다.

저는 미국에서 공부를 마치고 미국 교회에서 목사가 되었습니다. 첫 여름 휴가를 맞았습니다. 장장 4주였습니다. 무척 신이 났습니다. "그래! 꿈에 그리던 대륙횡단을 하자!" 기름 값도 엄청나게 쌌습니다. 1갤런에 80센트. 그래서 길을 떠났습니다. 동부 노스캐롤라이나에서 서부 캘리포니아까지 장장 3,000마일의 대장정에 올랐습니다.

첫 주일은 신이 나서, 둘째 주일은 마땅한 교회를 찾지 못해서, 셋째 주일은 그냥, 넷째 주일은 귀찮아서 예배를 걸렀습니다. 셋째 주부터 머리에 맴도는 생각은 목회가 아닌, 다른 사업 구상이었습니다. 교회로 돌아오는 길은 지옥 길이었습니다. 얼마나 어렵게 공부하고 하나님이 인도하신 목회입니까? 그런데 단 4주 만에 싫은 것이 되었습니다. 다시 마음을 가다듬는 데에는 6개월 이상의 피나는 노력이 필요했습니다.

목사가 그럴진대 평신도는 어떻겠습니까? 두 번만 연속해서 주일 예배를 빠지면, 그동안의 신앙 생활은 썰물 빠지듯이 사라지기 시작합니다. 여기에는 그럴 만한 이유가 있습니다.

사도 바울은 이렇게 말합니다.

"전에는 우리도 다 그 가운데서 우리 육체의 욕심을 따라 지내며 육체와 마음의 원하는 것을 하여 다른 이들과 같이 본질상 진노의 자녀이었더니"(엡 2:3).

아무리 목사요 장로라 할지라도, 아담의 타락 이후 사람들은 본질상 불순종의 자녀이며 진노의 자녀입니다. 그러므로 수많은 하나님의 기적을 보고도 작고 사소한 어려움에 봉착하면 소리를 높였습니다. "애굽으로 돌아가자." 이스라엘 백성들과 우리들의 소리입니다. 그러므로 선 줄로 생각해서는 절대로 안 됩니다. 언제나 넘어질까 주의를 늦추지 말아야 합니다.

"아내로 삼는지라." 영적 존재가 육적 존재와 한 몸이 되었다는 말입니다. 그런데 문제는 결합의 이유입니다. "사람의 딸들의 아름다움" 때문입니다. 이 아름다움은 단순히 겉으로 드러난 미모를 의미합니다. '보았다'는 단어도 그저 힐끗 본 것이 아니라 히브리어 '라아*raah*'로서 '자세히 주목하였다'는 뜻입니다. 탐닉했다는 것입니다. 영적 존재가 육적 존재의 겉으로 드러난 미모를 탐닉하여 한 몸이 되어버린 것입니다.

그러자 우리 하나님이 이렇게 말씀하십니다.

"나의 영이 영원히 사람과 함께하지 아니하리니 이는 그들이 육신이 됨이라. 그러나 그들의 날은 백이십 년이 되리라"(창 6:3).

나의 영은 곧 '성령'을 말합니다. 왜 성령이 사람과 함께할 수 없는 것일까요? 정말 하나님은 질투하시는 하나님이시기 때문일까요? 단지 외간 여자에게 눈을 돌렸다는 이유로 훌쩍 떠나버리신 것일까요? 그렇지 않습니다. 사람들이 단순히 살과 피를 지닌 육체가 되어버렸기 때문입니다.

사람은 흙으로 지어진 육적 생명과 하나님으로부터 온 영적 생명이 결합된 존재입니다. "여호와 하나님이 땅의 흙으로 사람을 지으시고 생기를 그 코에 불어넣으시니 사람이 생령이 되니라." 사람들의 원래 이름은 '생령', 즉 살아 있는 영입니다. 그런데 그만 영을 상실해버리고 그 이름이 '육체'로 바뀌었습니다. 단순한 고기 덩어리가 되었다는 것입니다. 당연히 성령께서 거하실 곳을 사람 안에서 찾으실 수가 없게 된 것입니다.

성령께서 거하시는 곳은 우리 영입니다. "너희가 하나님의 성전인 것과 하나님의 성령이 너희 안에 계시는 것을 알지 못하느냐"

(고전 3:16). 사도 바울의 말입니다.

"그러나 그들의 날은 백이십 년이 되리라"(창 6:3).

이런 사람들은 마땅히 죽어야 하겠지만, 그러나 하나님은 피와 살만 남은 육체의 생명을 120년 동안은 보존해주겠다고 하십니다. 사람에게 남은 육체의 생명은 열심히 가꾸면 120년 정도는 유지된다고 합니다. 이것이 하나님의 사랑이며 배려입니다.

하나님의 사랑의 배려로 살아남은 육체의 생명을 무엇을 위해서 사용해야 할까요? 단 하나입니다. 잃었던 영적 생명을 회복하는 기회로 삼아야 합니다. 이것이 하나님이 사람들에게 육적 생명을 보존해주신 이유입니다.

여기에 자동차가 있습니다. 자동차의 목적은 '이동'입니다. 그런데 이 자동차를 신분 과시용이나 장식품으로 사용한다면 자동차의 본질을 모르는 것입니다. 자동차를 아낀다고 차고에 놔두고 매일 광만 내고 있다면 어리석은 일입니다. 우리의 몸도 마찬가지입니다. 그저 건강하게 편안하게 오래 사는 것이 목적이 된다면, 자동차를 차고에 얌전히 모셔놓고 매일 치장만 하는 것과 전혀 다를 바가 없습니다.

"당시에 땅에는 네피림이 있었고 그 후에도 하나님의 아들들이 사람의 딸들에게로 들어와 자식을 낳았으니 그들은 용사라 고대에

명성이 있는 사람들이었더라"(창 6:4).

네피림은 거인을 말합니다. 이들은 과연 누구일까요?

그 대표적인 예가 히틀러나 문선명과 같은 존재들입니다. 이들의 뿌리는 유대교와 기독교입니다. 그런데 정말 이들은 우리가 어찌지 못하는 막강한 네피림들입니다. 정말 무서운 것은 왜곡된 영적 존재들입니다. 사람들은 종교 테러리스트들의 무모함과 집요함에 기가 질려 있는 상태입니다.

그러나 이런 것들은 지구 전체의 문제가 아닙니다. 스스로 자멸하기도 하고 그럭저럭 통제할 수도 있는 일시적인 것들입니다. 또한 역사상 교회들도 네피림과 악명 높은 용사들로 등장한 경우가 대단히 많았음을 기억해야 합니다.

마지막으로, 우리가 어찌지 못하는 네피림은 천박한 상업 자본주의입니다. 막스 베버Max Weber가 지적하였듯이 자본주의의 뿌리는 기독교라 할 수 있습니다. 각각의 사람들에게 부여된 개성과 재능과 가능성을 자유롭게 발휘하여 이룩된 것이 자본주의입니다. 그런데 오직 물질과 부의 창출에만 집중하고, 특히 대중매체를 장악하여 소비만을 조장함으로써, 자연 파괴 및 인간의 고귀한 정신과 영혼의 붕괴를 낳고 있습니다. 이제는 인간의 통제가 불가능한 상태로, 그 끝을 짐작조차도 할 수 없게 되었습니다. 엄청난 자본을 투입하여 식량과 자원을 독점함으로, 하루아침에 가난한 사람들을 더 큰 빈곤으로 몰아넣는 일은 작은 예에 불과합니다. 이것이 가장 무서운 현대판 네피림으로 그 짙은 그림자가 서서히 세상을 뒤덮고 있습니다.

그렇다면 육체의 생명이 살아 있는 동안 무엇을 해야 할까요?

죽은 영혼을 살리는 일, 성령으로 하여금 내 안에 거하게 하는 일입니다. 예수님의 생명을 내 것으로 하는 일입니다. 그 일을 위하여 예수님이 누구신지 알아야 합니다.

제자들과 함께 가이사랴 빌립보 지방을 가시면서 예수님은 제자들에게 물으셨습니다.

"사람들이 인자를 누구라 하느냐"(마 16:13).

그러자 제자들은 들은 대로 대답합니다. "더러는 세례 요한, 더러는 엘리야, 어떤 이는 예레미야나 선지자 중의 하나라 하나이다"(마 16:14).

아마도 거기에는 "목수라고 합니다" 또는 "사람을 고치는 의사라고 합니다"라는 대답도 있었을 것입니다. 그 말을 들으시고 또다시 예수님이 물으셨습니다. "너희는 나를 누구라 하느냐"(마 16:15).

그러자 베드로가 대답합니다.

"주는 그리스도시요, 살아계신 하나님의 아들이시니이다"(마 16:16).

그 대답을 듣고 예수님은 매우 기뻐하며 말씀하십니다. "바요나 시몬아 네가 복이 있도다. 이를 네게 알게 한 이는 혈육이 아니요 하늘에 계신 내 아버지시니라"(마 16:17).

이 베드로의 대답의 출처는 '육체', 즉 경험이나 교육이 아니라 성령 하나님이라는 것입니다. 성령께서 가르쳐주신 것입니다.

생각에 따라서 행동이 달라집니다. 경험을 통하여 예수님을 목수라 생각하면 그분께 망가진 의자를 들고 갈 것입니다. 예수님으로 인해 병이 나았다면 아플 때마다 예수님을 찾아갈 것입니다. 그러나 예수님에 대한 올바른 인식은 사람들의 행동과 삶을 올바로 바꿔놓습니다.

"너는 베드로라. 내가 이 반석 위에 내 교회를 세우리니 음부의 권세가 이기지 못하리라"(마 16:18).

베드로라는 사람 위에 교회를 세우겠다는 것이 아니라, 베드로의 신앙 고백 위에 주님의 교회를 세우겠다는 것입니다. 베드로라는 특정 개인 위에 교회가 세워졌다는 신조 아래, 교회는 누구보다도 막강한 네피림으로 등장하여 전횡을 휘둘렀음을 우리는 잘 알고 있습니다. 교회는 예수님이 그리스도요, 하나님의 아들임을 믿는 신앙 고백 공동체임을 분명히 해야 합니다.

"음부의 권세가 이기지 못하리라." 예수님를 향한 신앙 고백의 올바름과 그 견고성의 정도에 따라 음부의 권세, 즉 사탄의 영향력이 결정됩니다. 느슨하게 대충 "그렇겠구나" 하고 믿으면 아담과 하와처럼 사정없이 음부의 권세로부터 공격을 받습니다. 그러나 확실히 굳게 믿으면 절대로 사탄의 권세가 우리를 흔들지 못합니다. 성도 한 사람 한 사람은 성령이 거하시는 성전이자 교회입니다. 확실한 믿음과 굳건하고 올바른 신앙 고백 위에 우리 자신을 세워야 합니다.

예수님의 축복은 이어집니다.

"천국 열쇠를 네게 주리니 네가 땅에서 무엇이든지 매면 하늘에서도 매일 것이요 네가 땅에서 무엇이든지 풀면 하늘에서도 풀리리라"(마 16:19).

엄청난 특권입니다. 그런데 이 특권이 무엇을 의미하는지 정확하고 올바르게 알아야 합니다. 여기서 특권이란, 내가 하나님을 누구보다 잘 믿으니 내가 기도하면 무엇이든지 들어주신다는 의미가 절대로 아닙니다. 이 문답의 본질을 알아야 합니다.

질문의 요지는 예수님을 어떤 분으로 알고 있느냐는 것입니다. 예수님이 그리스도이시요 살아계신 하나님의 아들임을 성령을 통하여 알았습니다. 그러자 하나님의 뜻이 무엇인지 비로소 알게 되었다는 것입니다. "아하, 하나님, 이제 알았어요. 예수님을 주님으로 고백하고 성령을 받으니까, 하나님이 내가 무엇을 하길 원하시는지 이제야 알게 되었어요."

"지금까지는 내가 원하는 대로 묶어달라고 밤낮으로 졸랐지만 이제는 하나님의 뜻을 알겠어요. 그 뜻에 따라서 풀겠어요. 지금까지는 내 뜻에 따라서 풀어달라고 전도하고 봉사하고 헌금하였지만, 이제나 풀어주실까 저제나 풀어주실까 실망하고 낙담하며 기다렸지만, 이제야 하나님의 뜻을 알았습니다. 이제 하나님의 뜻에 따라 매기로 했어요."

하나님은 그렇게 변화된 나를 기쁨으로 바라보십니다. "사랑하는 아들아, 그래 이제야 알았니? 이제 네가 원하는 대로 풀어주마."

천국의 열쇠는 열심히 치성을 드리며 자기 뜻을 관철시키고자 하는 사람에게 주어지는 것이 절대로 아닙니다. 성령의 가르침으로, 주님이 그리스도시요 살아계신 하나님의 아들임을 알게 된 사람, 그리고 하나님의 뜻을 알게 된 사람에게 주어지는 특권입니다. 겉모습은 하나님의 아들, 그러나 원하는 것은 사람의 딸들과 같다면, 우리는 고대부터 악명이 높았던 네피림이나 용사들로 전락할 것입니다.

바닷물에는 소금이 2-3%가 녹아 있다고 합니다. 그 작은 양의 소금이 엄청난 양의 바닷물이 썩는 것을 막아줍니다. 성도들은 세상의 소금입니다. 인구 중에 진짜 하나님의 자녀가 2-3%만 있어도 세상은 이토록 썩지 않았을 것입니다.

성도는 생명이신 예수님을 담는 그릇이요 하나님의 뜻을 읽어내는 돋보기이며 세상이 썩지 않도록 막아주는 방부제입니다. 소금이 그 맛을 잃으면 밖에 버려져 짓밟힐 뿐입니다. 세상 사람들에 의해 밟히고 있지나 않은지 겸허히 우리 자신을 되돌아볼 때입니다. 다시 교회의 생명력을 회복할 때입니다.

시카고의 한 작은 교회에서 세 살 된 소녀의 장례식이 있었습니다. 마지막 순서로 사랑하는 사람들이 관 앞에 나아가 아이의 모습을 대하며 작별하는 시간이 되었습니다. 이때 한 사나이가 술 냄새를 풍기며 누더기 바지를 끌고 붉게 충혈된 눈으로 관 앞에 가서는 아무도 모르게 죽은 아이의 신발을 벗겼습니다. 식이 끝난 후 그는 그 신발을 40센트에 팔아 술을 사 먹었습니다. 그는 다름 아닌 죽은 아이의 아버지였습니다.

그로부터 20년 후 시카고 제일장로교회 수천 명의 회중 앞에서 한 사람이 외치고 있었습니다. "죽은 딸의 발에서 신발을 벗겨 술을 사 먹은 파렴치범이 바로 저였습니다. 인간쓰레기 같은 자를 살려주시고 일꾼 삼으신 분이 바로 하나님이십니다."

그는 바로 역사상 유명했던 부흥사 멜 트라더 목사입니다. 십자가 앞에 눈물로 회개하며 돌아와 천여 명의 치유 불능 알코올 중독자들을 구원으로 인도하였습니다.

예수님은 생명 그 자체이십니다. 세련된 조직도, 엄격한 계율도, 막강한 체제도 없었지만 사람과 세상을 살리셨습니다. 단단하게 굳어서 사람을 질식시키는 하나님 종교에 새로운 생명을 불어넣으셨습니다. 그 생명을 소유하여 다시 하나님의 자녀가 되기 위해 제일 먼저 해야 할 일은 바로 예수님이 누구인가를 바로 아는 일입니다. 그분을 따라 사는 일입니다.

사도 바울은 이렇게 당부합니다.

"우리 안에 거하시는 성령으로 말미암아 네게 부탁한 아름다운 것을 지키라"(딤후 1:14).

노아의 방주, 사실인가요?

방주에 탄다는 것은 복음을 통하여
예수 그리스도를 믿는 것이며
그분을 나의 구세주로 영접하는 것이요,
하나님의 능력을 덧입는 것이며
생명의 열매를 얻는 것입니다.
예수님이 방주라면, 교회 역시 사람들이
탈 만한 방주가 되어야 합니다.

The Story of
Heaven

"노아의 방주는 실제로 존재했습니까?"

자주 받는 질문입니다.

성경에 기록된 치수대로의 방주 크기는, 길이가 300규빗(135m), 폭이 50규빗(22.5m), 높이가 30규빗(13.5m)으로, 43,200m³ 정도의 부피를 가지는데, 이는 한 량에 240마리의 양을 실을 수 있는 화차 522량에 해당하는 용량과 같습니다. 방주는 요즘의 축구장보다 길이는 더 길고 폭은 약간 좁은 공간이 상·중·하, 3층으로 되어 있습니다. 방주는 바지선 형태의 거대한 선박이었습니다.

과연 한 개인이, 그것도 까마득한 고대에 그와 같은 엄청난 배를 건조할 수 있는가에 가장 먼저 의문이 제기됩니다. 그 문제는 일단 뒤로 미루겠습니다.

현대 선박공학자들에 의해서 밝혀진 사실이 있습니다. 길이와 폭의 비율 6:1은 매우 뛰어난 선박 안정성을 보이는 황금 비율이라는 사실입니다. 노아의 방주의 규모에서 영감을 얻은 미국의 저명한 조선건축가 디키는 미국 전함 U.S.S. 오레건 호를 설계할 때 노아의 방주와 동일한 설계 비율을 사용했습니다. U.S.S. 오레건 호는 지금까지 건조된 것 중 가장 견고한 군함으로 간주되고 있습니다. 우리나라에서도 1992년 6월부터 해군사관학교 기술연구소의 홍석원 박사팀이 이에 대해 연구하여, 노아의 방주의 안전성과 효율성을 입증한 적이 있습니다.

노아는 이 사실을 어떻게 알았을까요?

노아의 방주를 발견했다는 기록은 고대와 중세의 많은 문헌에 나타나 있습니다. 주전 275년경 베로수스는 《바빌로니아》라는 역사책에서 "아르메니아에 있는 고르디엔 산맥에는 아직까지 배의 일부분이 남아 있어서 어떤 사람들은 역청의 조각들을 가지고 와서…그것을 부적으로 사용했다"고 기록하고 있으며, 유대인 역사가 요세푸스는 "이 배의 일부분은 아르메니아에 아직 남아 있으며…사람들은 역청을 가져다가 부적으로 사용한다. 아르메니아 사람들은 이 장소를 방주가 보존된 곳으로 부르며, 오늘날까지 그곳의 거주민들에게 그 모습을 드러내고 있다"고 기록하였습니다.

그레고르 슈빙햄머는 1950년 말에 터키의 아다나에 위치했던 428 전략비행연대에 속해 있을 당시 F-100 비행기로 비행 중 방주를 보았다고 주장하고 있습니다. 슈빙햄머는 그 방주가 마치 아라랏 산의 높은 곳에 위치한 작은 골짜기에 누워 있는 거대한 상자처럼 보였다고 증언하였습니다. 그 외에도 수많은 목격자들의 증언이 있지만, 이슬람 국가인 터키의 아라랏 산 접근 금지 조치로 과학적 탐사를 진행시키지 못하고 있습니다. 이런 말씀을 드리는 것은, 하나님 말씀인 성경의 신빙성을 높여서 사람들로 하여금 성경에 관심을 갖게 하고 싶은 마음에서입니다.

일단 노아의 방주 연구는 전문가들에게 맡기고, 노아의 방주가 오늘을 사는 우리에게 어떤 의미가 있는지 살펴볼까요? 실은 이 질문이 더욱 중요한 것입니다.

"누가 방주를 탈 것인가?"라는 물음에서 시작해봅시다.

그 당시 온 땅이 하나님 앞에 패괴하여 강포가 땅에 충만하였습니다. 사람들의 죄악이 땅에 관영하였고 사람들의 생각과 모든 계획들이 항상 악하였습니다. 그래서 우리 주 하나님이 인간을 지으신 것을 한탄하셨습니다. 하나님의 마음은 근심으로 가득하였습니다.

이걸 어떻게 하나. 하나님은 하나님의 사람들을 보내어 경고하십니다. 그러나 사람들은 하나님의 말씀을 무시하고 듣지 않았습니다.

사람들의 생각은 이랬습니다.

"하나님? 예수님? 좋지요. 그런데 그런 거 다 먹고 살자고 하는 것 아닙니까? 종교 문제도 중요하지만 경제나 나아졌으면 좋겠습니다."

어떤 사람은 또 이렇게 말합니다.

"저는 모태 신앙입니다. 저는 다른 사람하고는 다릅니다. 하나님에 대해서도 알고요. 교회에 빠지는 편도 아닙니다. 이만하면 됐지 뭘 더 바라겠습니까?"

그런데 우리 주님은 친히 말씀하십니다. 마태복음 24장 37절 이하의 말씀입니다.

"노아의 때와 같이 인자의 임함도 그러하리라. 홍수 전에 노아가 방주에 들어가던 날까지 사람들이 먹고 마시고 장가 들고 시집가고 있으면서 홍수가 나서 그들을 다 멸하기까지 깨닫지 못하였으니 인자의 임함도 이와 같으리라."

한마디로 사태의 심각성을 깨닫지 못했다는 것입니다. 인생이란 다 그런 거라고 생각하면서, '때가 되면 졸업하고 때가 되면 결혼하고 또 때가 되면 아기 낳고 그러겠지…' 생각합니다. 과연 그럴까요? 그런 사람들이 구원의 방주를 타겠다고 나설까요? 관광 유람선은 탈지언정 구원의 방주는 결코 타지 않을 것입니다.

또 교회에 다니는 사람들은 이렇게 생각합니다.

"교회가 방주다. 나는 교회에 다닌다. 고로 나는 방주에 타고 있어서 안전하다."

과연 그럴까요? 땅 위의 모든 교회가 구원의 방주일까요? 어떤 사람들은 교회에 와서 교인들이 하는 것을 보고 실족했다고 말합니다. 세상 사람들은 교인들이 더 나쁘다고 말하면서 교회에 가지 않겠다고 말합니다. 그것이 단순히 세상 사람들의 편협함과 몰이해 때문일까요?

"이대로는 안 된다. 이렇게 살아서는 안 된다"고 가슴 아파하는 사람만이 방주를 탑니다. 지금까지의 나태한 삶과 어리석은 삶을 청산하기를 원하고 참생명의 길을 가기를 간절히 원하는 사람만이 탑니다. 그런 사람을 가리켜 성경은 '심령이 가난한 자'라고 부릅니다. 그 사람만이 방주를 타게 됩니다. 이런 사람들은 초호화 유람선을 아무리 오래 타도 그 유람선은 가난한 내 심령을 채워주지 못한다는 것을 잘 알기 때문입니다.

그렇다면 방주가 의미하는 바는 무엇일까요?

첫째, 방주의 재료를 한번 봅시다. "너는 고페르 나무로 너를 위하여 방주를 만들되 그 안에 칸들을 막고 역청을 그 안팎에 칠하라"(창 6:14).

방주는 고페르 나무로 만들었습니다. 고페르 나무는 잣나무의 일종으로, 썩지 않고 방수도 잘 되는 나무로서 배를 만드는 재료이기도 하지만, 영적인 깊은 뜻을 담고 있습니다.

호세아서 14장 8절 후반부에 이런 말씀이 기록되어 있습니다. "나는 푸른 잣나무(고페르 나무) 같으니 네가 나로 말미암아 열매를 얻으리라."

무슨 말씀입니까? 방주의 재료인 고페르 나무는 바로 하나님 자신입니다. 우리를 구원하시기 위해 예수 그리스도께서 십자가에 달려 돌아가셨고, 자신의 몸을 드려서 우리가 타야 하는 방주가 되어주셨습니다.

방주에는 역청을 발라 물이 스며들지 못하도록 하였습니다. 이것은 바로 예수님의 피 흘림을 상징합니다. 예수 그리스도께서 흠 없는 깨끗한 피를 흘리심으로 우리 죄를 씻어주셨고, 나아가 우리에게 죄가 스며들지 못하도록 해주셨습니다.

예수님의 사역은 여기서 끝나지 않습니다. 죽음에서 부활하심으로 모든 세상의 악을 이기셨습니다. 승천하심으로 온 우주를 다스리시는 왕의 왕이 되셨습니다. 바로 그런 분이 우리를 구원하는 방주가 되어주신 것입니다. 노아의 방주는 세상에 존재하는 어떤 파도에도 전복되지 않는다고 하였습니다. 너무나 당연한 이야기입니다. 예수님이 말씀하십니다. "담대하라. 내가 세상을 이기었노라"(요 16:33). 세상을 이기신 주님 자신이 곧 방주이기 때문입니다.

방주에 탄다는 것은 복음을 통하여 예수 그리스도를 믿는 것이며 그분을 나의 구세주로 영접하는 것입니다. 나아가 하나님의 능력을 덧입는 것이며 생명의 열매를 얻는 것입니다. 예수님이 방주라면, 교회 역시 사람들이 탈 만한 방주가 되어야 합니다. 그 책임이 모든 그리스도인들에게 있습니다.

교회가 예수님의 온전한 방주가 되기 위하여 기억해야 할 말씀이 있습니다.

"그런즉 너희가 먹든지 마시든지 무엇을 하든지 다 하나님의 영광을 위하여 하라. 유대인에게나 헬라인에게나 하나님의 교회에나 거치는 자가 되지 말고 나와 같이 모든 일에 모든 사람을 기쁘게 하여 자신의 유익을 구하지 아니하고 많은 사람의 유익을 구하여 그들로 구원을 받게 하라"(고전 10:31-33).

무슨 일을 하든지 주의 영광을 위하여 해야 합니다. 다른 사람에게 거치는 사람, 다른 사람을 실족케 하는 사람이 되어서는 안 됩니다. 또한 자기 유익은 뒤로 하고, 다른 사람의 유익을 구해야 합니다. 그때에야 비로소 우리 교회가 진정한 구원의 방주라고 불릴 수 있습니다.

둘째, 그 큰 방주에 창문이 하나밖에 없습니다.

"거기에 창을 내되 위에서부터 한 규빗에 내고 그 문은 옆으로 내고 상 중 하 삼층으로 할지니라"(창 6:16).

영어 성경(The New King James Version)에는 "You shall make a window for the ark"라고 되어 있습니다. A window. 즉 창문이 하나입니다. 그 큰 배에 창문이 하나밖에 없다는 사실을 상상할 수 있겠습니까? 과연 이것은 무엇을 의미할까요? 창문은 밖을 내다보는 통로입니다. 창문은 곧 '관점觀點, Viewpoint' 입니다. 하나님이 방주를 만들라고 명령하셨을 때 사람들의 의견은 분분하였습니다. 저마다 각기 자신의 관점에 따라 다른 의견을 내세웠습니다. 결론은 방주를 만들지 않는 것이었습니다. 그러나 노아는 하나님의 관점을 따랐습니다.

오늘날 불행의 원인 중 하나는 너무도 다양한 관점과 의견이 있다는 데 있습니다. 통찰력을 가진다는 것은 첫째, 무엇이 옳고 무엇이 그른지 아는 것이며, 둘째, 무엇이 더 중요하고 무엇이 덜 중요한지 아는 것입니다. 그런데 하나님의 하나님되심을 인정하지 않고 각자 자신이 작은 하나님이 되어서 누구도 양보하지 않습니다. 각자의 소견대로 살아갑니다. 그러니까 열 사람이 모이면 열 명의 하나님이 모인 것입니다. 문제는 전혀 자격이 없는 하나님이라는 것입니다.

"노아는 의인이요, 당대에 완전한 자라. 그는 하나님과 동행하였으며"(창 6:9).

어떤 인간도 완전할 수는 없습니다. 그런데 성경은 하나님과 동행하는 사람을 의인 또는 완전한 자로 봅니다. 하나님과 동행하면서 하나님과 생각을 같이한 사람, 하나님과 같은 관점을 갖고 하나님의 뜻을 따라 산 사람이 곧 노아입니다.

마지막으로, 그 큰 방주에 배를 움직이게 하는 동력이나 엔진 또는 방향을 조정하는 키가 없었다는 점입니다. 그 이유는 방주가 하나님 자신이기 때문입니다. 예수님 자신이기 때문입니다. 예수님은 생명 그 자체이시며 모든 에너지와 생명의 원천이십니다. 그러므로 배를 움직이는 동력이나 엔진이 필요치 않습니다. 예수님은 지혜 그 자체이십니다. 어디로 가야 할지, 어디로 인도해야 할지 알고 계십니다. 그러므로 당연히 키가 필요하지 않습니다.

예수님은 제자들에게 하신 마지막 설교에서, 방주를 타는 법을 가르치셨습니다.

"아버지께서 나를 사랑하신 것같이 나도 너희를 사랑하였으니 나의 사랑 안에 거하라. 내가 아버지의 계명을 지켜 그의 사랑 안에 거하는 것같이 너희도 내 계명을 지키면 내 사랑 안에 거하리라"(요 15:9-10).

구체적으로 주님의 계명을 지키는 것이 주님의 사랑 안에 거하는 것이며 이것은 곧 방주에 타는 것입니다. 왜 이렇게 말씀하셨을까요?

"내가 이것을 너희에게 이름은 내 기쁨이 너희 안에 있어 너희 기쁨을 충만하게 하려 함이라"(요 15:11).

예수님의 기쁨이 곧 나의 기쁨이 되게 하기 위해서입니다.

노아라는 이름은 '하나님의 위로하심'이라는 뜻입니다. 노아가 방주에 거함으로써 자신이나 그 가족, 나아가서는 모든 생명에게 하나님의 위로를 나누어줄 수 있었습니다. 하나님과 동행하는 삶을 살아갈 때, 우리가 주님의 사랑 안에 거할 때, 무엇보다도 우리 자신이 하나님의 위로하심을 경험할 것입니다. 하나님은 방주에 노아와 노아의 가족 그리고 모든 생명 있는 것들을 태우셨습니다. 그리고 나머지는 모두 물로 멸망시켜버리셨습니다. 노아의 홍수 사건은, 한마디로 '다시 시작하는 창세기'입니다.

우리의 삶 가운데서도 홍수 사건이 반드시 일어나야 합니다. 나에게 아직도 남아 있는 가인의 표식들, 남을 실족시키는 습관들, 각자의 소견과 의견 들, 무지와 나태 등을 깨끗이 씻어버리고, 하나님의 관점으로 사는 노아, 예수 그리스도와 동행하는 노아, 그리고 주께서 맡기신 모든 생명을 돌보고 위로하는 노아로 다시 태어나야 하지 않을까요?

23

노아의 홍수, 사실인가요?

노아의 홍수사건은
그 옛날 일어났던 사건이 아닙니다.
오늘도 끊임없이 내 안에서
홍수사건이 일어나서 생명 없는 것들은
씻기고 진정한 생명만이 남아 있도록 해야 합니다.
홍수사건의 본질은 죄 씻음입니다.

The Story of
Heaven

과연 노아의 홍수가 실제 일어난 사건인가에 대한 의문은 계속 제
기되고 있습니다. "그런 일은 없었다. 허구의 이야기다"라고 일축
해버리는 사람들도 많습니다. 또 백번 양보해서, 홍수는 지구가 존
재하는 한 계속 일어나는 현상이므로 전 지구적인 사건이라기보다
는 어떤 특정 지역의 사건이 확대되고 신화화된 것이라고 생각하
는 사람들도 많습니다.

　성경에는 땅이 형성되는 과정이 두 번 기록되어 있습니다. 천지
창조 때, 궁창 아래의 물이 한 곳으로 모이면서 드러나는 땅(창
1:9)이 첫 번째, 노아의 홍수 때 깊음의 샘들이 터지고 하늘의 창들
이 열리면서 코로 숨 쉬는 모든 생물들을 멸하실 때 만들어진 땅
(창 7:11-8:5)이 두 번째입니다. 모두 지구 전체에서 일어난 사건으

로 기록되어 있습니다.

만약 노아의 홍수가 지구 전체에서 일어난 사건이라면, 처음 땅과 홍수 기간 중에 형성된 땅 사이에는 분명한 차이가 있어야 하며, 그 차이와 흔적들이 세계 어디서나 발견될 수 있어야 합니다. 그런데 놀랍게도 지구상 어느 곳에서든 이러한 증거들을 어렵지 않게 찾아볼 수 있다고 합니다.

두 땅의 가장 큰 차이는 바로 화석化石이라고 합니다. 홍수로 인하여 생물의 엄청난 개체가 일시에 매몰되었기 때문입니다.

미국 그랜드캐년은 홍수 이전과 이후의 두 지층의 경계를 어느 곳보다 쉽게 관찰할 수 있는 곳입니다. 전혀 화석이 발견되지 않은 심하게 변형된 지층(선 캄브리아 층) 위에 수많은 화석을 포함하고 있는 거의 변형되지 않은 지층이 갑자기 나타나는 것을 분명히 볼 수 있습니다. 심하게 변형된 지층은 오랜 세월 동안 지각 운동에 의해 변형된 것이고, 변형되지 않은 지층은 최근(인류가 존재하는 시기)에 일어난 홍수로 인한 퇴적에 의해서 만들어진 것입니다(6일간의 천지창조를 거론할 수 있는데, 6강에서 인용한 제원호 교수의 설명을 참조하십시오).

왜 화석이 중요한가에 대해서도 알아야 합니다.

물고기가 죽으면 떠오릅니다. 곧이어 다른 동물들에 의해서 먹힙니다. 아니면 박테리아에 의해서 부패되고 형체를 잃습니다. 뼈와 같은 것들도 땅에 가라앉아서 부패 과정을 거쳐 사라져버립니다. 그러나 화석에 나타난 물고기 모양은 그 원래 모양, 심지어는 비늘까지도 그대로 간직하고 있습니다. 이는 물고기가 정상적인 죽음을 당한 것이 아님을 말해주는 것입니다. 화석은 생물체가 죽은 후 시간이 지나면서 만들어지는 것이 아니라, 갑작스런 매몰에 의해서 산소가 차단되어 생성된 것입니다.

화석 가운데 가장 많은 양을 차지하고 있는 것이 조개와 같은 무척추 동물입니다. 이는 화석의 95%를 차지하고 있다고 합니다. 해변에 가면 조개나 소라 껍질들을 많이 볼 수 있는데 이것들은 크게 훼손되어 있습니다. 그러나 조개 화석들은 그 무늬를 고스란히 간직하고 있습니다. 특히 흥미로운 것은 조개들이 모두 입을 다물고 있다는 점입니다. 이 역시 비정상적인 사건에 의한 것임을 보여주는 것이라 할 수 있습니다.

진화론에 대한 창조론의 정당성과 성경의 무오류성을 증명하자는 것이 아닙니다. 성경은 터무니없는 신화가 아니며 귀담아 들어야 할 소중한 책임을 상기하자는 것입니다.

우리는 그 어느 때보다 통찰력이 절실히 필요한 시대를 살고 있습니다. 통찰력은 그저 앞날을 예측하기 위해서만 필요한 것이 아닙니다. '통찰력'이란 사물의 본질을 꿰뚫어보는 능력입니다. 이러한 능력은 전혀 새로운 차원에서 오는 것입니다. 땅의 일을 제대로 파악하기 위해서는 하늘 위로 올라가야 합니다. 하늘에서 얻을 수 있는 통찰력, 즉 '영적 통찰력'입니다. 이것을 얻기 위해서 해야 할 일이 하나 있습니다.

사람들은 사물이나 상대방을 볼 때 관점이 있습니다. 그 관점은 통상, 이것은 위험한 것인가, 나에게 이익을 줄까 손해가 될까 하는 것입니다. 그리고 그 관점에서 반응하고 행동을 결정합니다.

'저 사람이 나보다 더 큰 힘을 가졌구나. 그러니까 이렇게 행동해야지.'

'저 사람은 나보다 더 똑똑하구나. 그러니까 이렇게 처신해야지.'

'저 사람은 어떤 사람인지 잘 모르겠다. 그러니까 한번 떠봐야지.'

'그래도 저 사람이 어떤 사람인지 모르겠다. 그러니까 나도 입 다물고 조심해야지.'

상대방도 그 관점에서 판단하며 반응하고 대처합니다. 온갖 종류의 사람과 사건에 이런 식으로 대처한 결과, 행동에 일관성이 없게 되고, 삶의 중심을 잃게 되며, 종래는 공허해집니다. 이런 사람을 성경은 "바람에 나는 겨와 같은 사람"이라고 부릅니다.

그런데 예수님은 전혀 다른 관점에서 사람과 사물을 바라보십니다. 단 하나의 관점입니다. 즉, "은혜 가운데 있는가, 아니면 은혜 밖에 있는가?"입니다.

예수님처럼 보는 사람들도 있습니다. 그런데 은혜 안에 있다고 판단되면 내 편이라고 생각하고, 은혜 밖에 있다고 생각되면 적으로 간주합니다. 여기에서 예수님과 차이가 납니다. 예수님은 은혜 안에 있으면 기뻐하며, 은혜 밖에 있으면 불쌍히 여기십니다.

세상에서 큰 힘을 가진 사람들이 있습니다. 그 힘으로 부당한 횡포를 부립니다. 그가 큰 힘을 가졌으니까 사람들은 그가 횡포를 부릴 때 전전긍긍하며 억울해합니다. 마음과 영혼이 상합니다. 그렇지만 내가 약하니까 어쩔 수 없어 참습니다. 마음의 병이 깊어집니다.

그런데 그 사람을 예수님의 시각으로 한번 바라보십시오. 비록 그가 큰 힘을 가지고 있다 하더라도 그는 "은혜 밖에 있는 곤고한 사람"이며, 혼돈과 공허와 흑암 가운데 처해 있는 불쌍한 사람입니다. 예수님은 그가 총독이든 왕이든 은혜 밖에 있으면 긍휼히 여겼습니다. 지금 현재 그의 삶은 혼돈과 공허와 흑암 가운데 처해 있습니다. 은혜 안에 있는 내가 도와주어야 할 대상입니다. 내 도움을 거절합니까? 그를 위하여 기도라도 하십시오. 이것이 영적 통찰력을 갖는 유일한 길입니다. 그런 사람은 권력과 힘 앞에서도 당당할 수 있습니다. 성경은 이런 사람을 가리켜 "세상이 감당치 못할 사람"(히 11:38)이라고 부릅니다.

성경의 역사는 하나님의 손에 의한 끝없는 '구별의 역사'입니다. 하나님은 빛을 혼돈과 공허와 흑암으로부터 구별하셨고, 생명 중에 특별히 인간을 구별하셨고, 시간 중에 특별히 안식일을 구별하셨습니다. 하나님의 아들과 사람의 딸들을 구별하셨고, 방주 안과 방주 밖을 구별하셨습니다. 신앙의 본질은 바로 구별입니다.

옛적에 우리 민족은 스스로 백의민족이라 불렀습니다. 너나없이 흰옷을 입었기 때문입니다. 구별이 없었다는 것입니다. 그래서일까요? 반대로 튀어, 현대의 가장 대표적인 단어는 '개성個性'입니다. 사람들, 특히 청년들은 똑같은 것을 거부합니다. 튀는 것을 좋아합니다. 남들과 구별되기를 원합니다. 그래서 옷도 헤어스타일도 행동도, 다른 사람들과는 다르게 하려고 합니다. 그런데 문제는 알맹이가 없다는 것이며 생명이 없다는 것입니다. 그저 겉으로 드러나는 튐이며 겉으로 드러나는 다양함일 뿐입니다. 생명이 없는 것의 다양함은 곧 '혼란混亂'입니다. 하나님이 우리를 향하여 요구

하신 구별은 바로 '생명 있는 구별', 세상 사람들은 죽었으나 노아
는 살았던 것같이 '살아 있는 구별'입니다.

생명 있는 구별은 어떻게 가능할까요?

"너와 네 온 집은 방주로 들어가라. 이 세대에서 네가 내 앞에
의로움을 내가 보았음이니라"(창 7:1).

하나님은 노아의 의로움을 보셨고, 그래서 노아와 노아의 가족
들을 방주에 태우셨습니다. 의로움이 관건이었습니다. 다른 사람
들은 불의하였으나 노아만 의로웠습니다. 그런데 어떤 사람이 의
로운 사람일까요? 세상에서 말하는 의로움과 하나님이 규정하시
는 의로움은 전혀 차원이 다릅니다.

하나님은 세상을 다음과 같이 판단하십니다. "사람의 죄악이 세
상에 가득함과 그 의 마음으로 생각하는 모든 계획이 항상 악할 뿐
임을 보시고"(창 6:5).

사람들의 죄가 세상에 가득하였는데, 그 원인은 사람들의 생각
과 계획이 악하기 때문이라는 것입니다. 악과 죄는 그 기준에 따라
달라집니다. 생각은 아직 현실로 드러나지 않은 것입니다. 세상에
서는 생각만으로는 범죄가 성립되질 않습니다. 그러나 하나님은
생각만으로도 죄로 보십니다. 미워하면 살인이요, 음욕을 품어도
간음으로 보십니다.

성경에서의 악은 '하나님과의 계약 관계를 파괴하는 일체의 행위'를 말합니다. 기준은 하나님이십니다. 그런데 문제는 하나님이 모든 결정권을 갖고 계신다는 점입니다. 예수님도 노아의 홍수에 대하여 언급하셨는데, "사람들이 먹고 마시고 시집가고 장가간다"며 대단히 일상적인 삶을 지적하셨습니다. 살인, 강도, 절도, 폭행 등의 범죄를 저지르지 않아도, 하나님과의 관계를 파괴한다면 일상 생활에서도 얼마든지 악을 저지를 수 있습니다. 그러므로 하나님의 기준과 결정에 동의하며 그분의 뜻에 따라 살아야 합니다.

제일 큰 계명은 하나님을 몸과 마음과 정성을 다하여 사랑하는 것이며, 두 번째 계명은 내 이웃을 내 몸과 같이 사랑하는 것입니다(마 22:40). 이것이 모든 기독교 강령의 본질입니다. 이 순서를 하나님이 정하신 것입니다. 그러므로 이 규정에 위배되면 모두 죄입니다. 먹고 마시고 돈 벌고 결혼하는 것 자체가 악이 아닙니다. 그러나 그 모든 것이 무엇을 위한 것이냐 하는 것입니다.

한 청년의 혼사가 깨졌습니다. 사랑하는 사람과 너무도 슬퍼하며 헤어졌습니다. 이유는 양가 혼수 문제 때문이었습니다. 양가 부모가 팽팽하게 대립하였습니다. 그 대립에는 양가 자녀들의 사랑은 고려되지 않았습니다. 이런 일이 다반사입니다. 그래서 그럴 수도 있다고 생각하지만, 알고 보면 악을 행한 것이고, 죄를 지은 것입니다. 악의 근원은 "탐욕"이기 때문입니다(약 1:14). 만약 온갖 반대에도 불구하고 두 사람이 결혼하여 만 가지 고난을 사랑으로 이겼다면, 선으로 악을 이긴 것이 됩니다.

하나님은, 하나님과 이웃에 대한 사랑과 배려를 찾아볼 수 없으며, 오직 자신, 그리고 기껏해야 자기 가족들의 이익에만 집중되어 있는 마음의 생각과 계획을 '악하다'고 판단하십니다.

그런데 노아는 달랐습니다. "그러나 노아는 여호와께 은혜를 입었더라"(창 6:8).

어떻게 달랐을까요? 하나님이 노아만은 특별히 봐주셨다는 말씀일까요?

하나님이 노아를 부르시고 말씀하십니다. "너는 고페르 나무로 너를 위하여 방주를 만들되 그 안에 칸들을 막고⋯그 길이는 삼백 규빗, 너비는 오십 규빗, 높이는 삼십 규빗이라."

이 말씀을 듣고 있는 노아를 한번 그려보십시오. "45m×150m라. 헉! 아니 내가 잘못 들은 것 아니야? 15m가 아니라 150m? 나보고 그런 배를 만들라고?"

〈에반 올마이티Evan Almighty〉라는 영화는 현대판 노아 이야기를 다뤘습니다. 미국 하원의원인 주인공은 하나님의 명령을 기를 쓰고 피합니다. 충분히 이해가 갑니다. 잘나가고 있는데, 갑자기 잣

나무로 폭 45m, 길이 150m의 배를 만들 사람이 어디 있겠습니까? 아무리 하나님의 명령이라도.

그 엄청난 배를 만들어야 하는 것이, 하나님의 은혜를 입었다는 노아가 감당해야 할 일이었습니다. 노아의 식구 일곱 명도 그 방주에 타게 되는데, 온 가족이 그 배를 만드는 동안 모든 우여곡절을 견디고 남아 있었기 때문입니다. 만약 아버지 노아를 반대하였다면 떠났을 것이고, 결국 방주에 타지 않았을 것입니다.

"노아가 그와 같이 하여 하나님이 자기에게 명하신 대로 다 준행하였더라"(창 6:22).

천신만고 끝에 노아와 그 가족들은 방주를 완성하였습니다. 그러자 하나님의 새로운 명령이 떨어졌습니다. "너는 모든 정결한 짐승은 암수 일곱씩, 부정한 것은 암수 둘씩을 네게로 데려오며 공중의 새도 암수 일곱씩을 데려와 그 씨를 온 지면에 유전하게 하라"(창 7:2-3).

말이 쉽지, 이 일을 어떻게 수행하겠습니까? 그런데 성경은 이렇게 기록해놓았습니다.

"노아가 여호와께서 자기에게 명하신 대로 다 준행하였더라"(창 7:5). 노아와 그의 가족들은 그렇게 하였습니다.

이때 하나님의 기준은 무엇일까요?

간단명료하게 말하자면, '하나님이 정하신 것이 하나님의 기준' 입니다. 말장난이 아닙니다. 하나님이 어떻게 규정하시든지 그것은 하나님의 주권이며, 정해진 그것이 바로 기준입니다. 사람이 왈가왈부할 수 없습니다. 남은 것은 오직 사람들의 '순종'뿐입니다. 그런데 사람들은 순종은 생각하지 않고 하나님의 기준의 부당성을 지적하는 데 에너지와 생명을 소모해버립니다.

정결한 짐승과 부정한 짐승을 구별하라는 하나님의 명령이 있습니다. 그 기준이 되는 성경 구절은 레위기 11장과 신명기 14장에 기록되어 있는데, 이 규정들은 모세의 율법에 근거하고 있습니다. 그러므로 소급 적용하고 있다고 할 수 있습니다.

하나님이 보시기에 의롭다 하시면 의로운 것입니다. 믿음이란 추상적인 것이 아닙니다. 막연한 것이 아닙니다. 하나님의 명령, 하나님의 약속을 받아들이는 것이 곧 믿음입니다.

왜 그렇게 오랫동안 교회 생활을 했음에도 불구하고 내 신앙은 능력과는 거리가 먼 걸까요? 여기에는 아주 결정적인 이유가 있습니다. 하나님의 존재, 하나님이 살아계심을 인정하기만 하면 믿음이 있는 것이라고 생각하기 때문입니다. 그런데 그것은 착각입니다. 누구보다도 하나님의 살아계심과 그 막강함을 잘 아는 것이 바로 사탄입니다. 그렇다고 해서 사탄에게 믿음이 있다고 말하지 않습니다. 예수님을 만난 귀신들이 한결같이 한 말이 있습니다. "저와 무슨 상관이 있나이까? 저를 내버려두소서"였습니다. 사탄은 누구보다도 예수님의 존재를 잘 알았지만 예수님과는 상관없는 존재, 예수님과의 관계를 거부하는 존재였습니다.

하나님도 마찬가지입니다. 당시 사람들도 하나님의 존재를 잘 알았습니다. 그러나 하나님의 기준, 하나님의 명령, 하나님의 약속을 받아들이지 않았습니다. 오직 노아만이 그 약속을 받아들였습니다. 바로 노아의 그러한 자세를 의롭게 여기셨습니다. 그리고 노아는 세상 사람들과 구별되었습니다.

노아의 홍수 사건은 그 옛날 일어났던 사건이 아닙니다. 오늘도 끊임없이 내 안에서 홍수 사건이 일어나서 생명 없는 것들은 씻기고 진정한 생명만이 남아 있도록 해야 합니다. 홍수 사건의 본질은 죄 씻음입니다. 옛사람은 죽고 새사람이 태어나는 거듭남의 사건입니다. 홍수 사건은 이집트와 가나안을 구별하는 또 다른 홍해 사건이며 심판과 구원을 구별하는 십자가 사건입니다.

예수님이 육신을 입고 이 땅에 오셨습니다. 사람들이 모르는 사이에 혼돈과 공허와 흑암을 뚫고 생명으로 빛으로 오셨습니다. 이 사건을 계기로 시간과 시대가 구별됩니다. 주님이 오시기 전과 오신 후로 구별된 것입니다. 주전B.C., Before Christ과 주후A.D., *Anno Domini*로 구별되었습니다. *Anno Domini*는 '주님의 시간 안에서 In the year of Christ'라는 뜻입니다. 현재 우리는 주님의 시간 안에서 살아가고 있습니다.

한자漢字에서 배 '선船'자를 보면, 주舟변에 여덟 팔八자와 입 구 口자가 있습니다. '여덟 사람이 탄 배'라는 뜻입니다. 우연인지도 모릅니다. 그런데 바로 배 선船자가 노아의 식구 여덟 명을 태운 방주를 의미한다는 해석은 왠지 하나님의 구원 사역이 중국인들 자신도 미처 깨닫지 못한 사이에 드러난 것 같아 마음이 흐뭇해집니다. 이들의 선조들도 홍수와 노아의 소문을 들었나봅니다.

24강 | 창세기 9:8-17

무지개가 떴습니다.
아침 일찍 일어나…

하나님은 무지개의 형식에 구원과 사랑과
새 출발의 의미를 담으셨습니다.
그러므로 하나님의 약속을 믿는
사람들은 무지개를 볼 때,
하나님과 노아를 기억합니다.
새롭게 열어주신 세상을 봅니다.

The Story of
Heaven

매년 미국 하버드 대학 졸업식에는 특별 연사가 초청됩니다. 2008
년 6월 5일 미국 하버드 대학 졸업식에서 졸업 축사를 한 사람은
조앤 롤링입니다. 그녀는 바닥을 전혀 모르고 살아온 성공의 상징
인 하버드 졸업생들에게 이런 말을 하였습니다.

"삶의 가장 밑바닥이 인생을 새로 세울 수 있는 가장 단단한 기
초입니다."

조앤 롤링은 대학을 졸업하고 7년 동안 엄청난 실패를 겪었습니
다. 전혀 우수하지도 못했고 정신없이 덤벙대기만 하는 실수투성
이 조앤은, 남편에게서도 버림을 받고 싱글맘으로 고단한 삶을 살
아야 했습니다. 추락은 끝이 없었습니다. 아무리 노력해도 꿈쩍하
지 않는 삶의 질곡 속에서 자살까지 시도했습니다. 그러나 어린 딸

을 놔두고 죽을 수 없었기에 다시 일어서기로 마음을 먹었습니다.

조앤은 친구에게서 600파운드를 빌려 에딘버러의 낡고 허름한 임대 아파트에서 우울증과 싸우며 글을 쓰기 시작했습니다. 마법 소년 해리 포터 이야기입니다. 천신만고 끝에 쓴 시리즈 첫 권인 《해리 포터와 마법사의 돌》이 출간되자 세상이 흔들렸습니다. 끼니를 걱정해야 했던 조앤 롤링은 《해리 포터》 시리즈의 대박으로 5억 4500만 파운드, 우리 돈으로 1조 850억 원의 거부가 되었습니다. 영국 여왕보다 더 부자가 된 것입니다.

하지만 그녀가 하버드 대학에서 졸업 축사를 할 수 있었던 것은 대박을 낸 작가이기 때문만은 아니었습니다. 바닥을 치고 일어섰기 때문이었습니다.

성경에서는 시간을 두 종류로 구분합니다. '크로노스'의 시간과 '카이로스'의 시간입니다. 크로노스의 시간은 측정 가능한 시간, 기계적으로 흘러가는 시간, 그러나 잡을 수 없으며 흘러가는 시간입니다. 반면 '카이로스'의 시간은 의미가 부여된 시간, 뜻이 담긴 시간입니다. 사실 이 두 시간은 서로 다른 것이 아닙니다. 같이 흘러가고 있습니다.

어떻게 하면 카이로스의 시간을 살 수 있을까요? 간단한 예를 들어보겠습니다.

갑순이는 시골에서 가난하게 사는 처녀입니다. 매일매일 고단한 삶을 살아갑니다. 아침 일찍 일어나 밥 지어놓고는 들로 나갑니다. 해 떨어지면 들어와서 저녁밥을 짓습니다. 또 늦게까지 호롱불 밝히며 길쌈을 매야 합니다. 그렇게 힘들게 일하는데도 어머니한테서 꾸중과 잔소리를 듣습니다. 그러던 중 옆집에 건장한 청년 한 사람이 머슴으로 들어왔습니다.

어느 날 아침 들로 나가는데 못 듣던 휘파람 소리에 뒤를 돌아보니 그 청년이 지게를 지고 빙글빙글 웃으며 뒤따라오고 있는 것이었습니다. 갑순이의 마음이 갑자기 뛰기 시작합니다. 부끄러워 얼굴은 빨갛게 달아버렸습니다. 그날 이후 갑순이의 삶은 달라졌습니다. 이제 전혀 새로운 아침을 맞습니다. 그 청년을 만날 생각에 아침 일찍 기꺼이 일어나며 얼굴 단장을 합니다. 들로 나가는 발걸음도 가볍습니다.

무슨 일이 일어난 것입니까? 어렵사리 알아낸, 그 이름도 아까운 갑돌이를 사랑하게 된 것입니다.

그 전까지 갑순이는 크로노스의 길고 지루한 시간을 살아왔습니다. 아무리 해가 바뀌고 계절이 변하여도 그날이 그날, 또 저날이 저날이었습니다. 그런데 이제는 달라졌습니다. 순간이 새롭고 신기합니다. 갑돌이로부터 미소나 인사라도 받으면 하루 종일 기쁩니다. 새들에게도 인사하고 풀꽃들도 새삼스럽습니다. 갑돌이를 보면 보는 대로 기쁘고 보지 못하면 보지 못하는 대로 설렙니다. 갑순이가 바로 카이로스의 시간을 살고 있는 것입니다.

성경에서의 카이로스의 시간은 특별히 하나님의 의미와 뜻이 담겨진 시간을 말합니다. 이 시간은, 갑순이와 갑돌이의 관계에서처럼 하나님과의 관계에서 시작됩니다.

새로운 관계는 약속이나 언약을 통하여 이루어집니다. 거래 계약을 맺으면 사고 파는 사람 간에 새로운 관계가 형성됩니다. 그 계약을 성실히 이행하면 서로 신뢰하게 되어 서로에게 이익을 가져다주는 좋은 사업 파트너가 됩니다. 세상에서 가장 강력한 약속은 결혼 언약입니다. 이 언약을 통해 전혀 모르던 사람과도 가장 깊은 관계를 맺게 됩니다.

예수님과의 관계도 이러한 언약을 통하여 이루어집니다. 얼마나 하나님과의 약속이 중요했으면 성경책 이름 자체가 약속이겠습니까. 성경은 오래된 약속인 구약舊約과 새로운 약속인 신약新約으로 이루어져 있습니다. 영어로 구약은 Old Testament, 신약은 New Testament라고 하는데, 그 전에는 Testament 대신에 Covenant라는 단어를 사용하였습니다. Covenant는 특별히 유언을 의미하는

데, 유언은 절대로 번복될 수 없습니다. 유언을 남긴 사람이 이미 세상에 없기 때문입니다. 또한 어떤 법보다도 우선합니다. 그런 의미에서 가장 강력한 언약입니다. 그래서 성경책을 Covenant라고 하였는데, 살아계신 하나님과의 언약에 유언을 뜻하는 단어를 쓰는 것이 좋지 않아서 Testament라는 말로 교체하였습니다.

불경에도, 유교 경전에도, 교훈이 될 만한 좋은 이야기들은 아주 많이 있습니다. 그런데 그러한 경전들과 성경책이 근본적으로 다른 차원의 책인 이유는 바로 하나님과의 언약에 있습니다. 단순하게 분류하자면 이렇습니다. 불경은 현자들의 깨달음과 득도의 책이라면, 그리고 유교 경전은 실천의 책이라면, 성경은 하나님의 약속의 책입니다.

도를 깨우치는 것은 참으로 어렵습니다. 히말라야 산 계곡에는 득도를 위해 정진하는 수많은 구루guru들이 있습니다. 어떤 이들은 계곡에 흐르는 맑은 물을 마다하고 도를 깨우치기 위해서 14년간 모래로만 목욕을 하고 있습니다. 어떤 이들은 22년 동안 침묵의 도를 수행하고 있습니다. 유교의 수많은 실천 항목들은 지키기가 여간 어렵지 않습니다.

그러나 하나님과의 언약은 쉽습니다. 혹자는 이런 말을 할 수 있습니다. "하나님과의 언약을 지키기가 과연 쉬운가?" 이것은 하나님과의 언약의 본질과 핵심을 오해하는 데서 비롯된 질문입니다. 하나님의 언약의 본질은, 한마디로 "너희는 나의 백성이 되고 나는 너희의 하나님이 되리라"는 것입니다.

두 사람이 결혼을 합니다. 그 결혼 약속을 통하여 '그대는 나의 아내가 되고, 나는 그대의 남편이 되는 것'입니다. 간단명료합니다. 아내와 남편이 되는 것이 어렵고 까다롭다면 아무도 결혼을 하지 않을 것입니다. 그런데 수많은 사람들이 결혼을 합니다. 사랑하여 함께 있기를 원하기 때문입니다. 결혼에는 수많은 의무와 책임이 따릅니다.

신기한 것은, 뼈 빠지게 일하여 번 돈을 아내에게 온전히 바치고 용돈을 몇 푼이라도 더 얻기 위해 골몰하는 남편들의 모습입니다. 다른 사람이 내 돈에서 단돈 만원이라도 허락 없이 가져갔다면 큰 싸움이 날 수도 있습니다. 그런데 아내에게는 그런 일들을 즐거이 할 수 있는 이유는 서로 사랑하여 결혼했기 때문입니다.

하나님과도 똑같습니다. 언약을 통하여 '나는 하나님의 백성이 되며 하나님은 나의 하나님이 되는 것'입니다.

결혼 생활이 어려워지는 때가 있습니다. 사랑이 식고 의무와 책임만이 남을 때입니다. 그러면 서서히 규칙과 규율이 생기기 시작합니다. 몇 시까지 귀가하기, 술은 한 달에 두 번만 먹기, 서로 혜어지게 되면 재산은 어떻게 분배한다는 등의 복잡한 법이 생깁니다. 마침내 결혼은 서로를 구속하고 경계하고 감시하는 제도로 전락합니다.

신앙 생활도 마찬가지입니다. 하나님을 사랑하지 않습니다. 다른 데 신경을 쓰기 시작합니다. 그러면 서서히 규율이 생기기 시작하고, 지키지 않으면 벌 받을까 무서워 마지못해 지킵니다. 신앙 생활이 점점 어려워지고 따분해집니다. 나중에는 일거수일투족을 규정하는 율법이 생기고, 종교는 거대한 조직과 제도가 되어 그 규정을 정하고 백성들을 감시하고 정죄하는 기구로 전락해버립니다. 그 전형적인 것이 바로 유대교입니다. 또한 어느 종교나 그런 위험에 항상 노출되어 있습니다.

그러므로 회복해야 할 것은 하나님과의 관계, 하나님을 향한 사랑입니다.

노아가 방주에 탄 후 40일간 비가 내리고 모든 산야가 물 아래 잠겨버렸습니다. 물이 줄어들기를 기다리며 40일 후에 노아가 까마귀를 날려 보냈습니다. 까마귀는 돌아오지 않았습니다. 7일을 기다리다 이번에는 비둘기를 날려 보냈는데, 거할 곳을 찾지 못하고 방주로 되돌아 왔습니다. 7일을 더 기다려 다른 비둘기를 날려 보냈습니다. 저녁 무렵이 되어 감람나무 잎사귀를 물고 그 비둘기가 돌아왔습니다. 7일 후에 세 번째 비둘기를 날려 보냅니다. 그 비둘기는 돌아오지 않았고 29일 후 노아는 방주 덮개를 열고 사면을 둘러보았습니다.

그리고 56일을 더 기다린 다음 마침내 노아와 그 가족들이 방주에서 나왔습니다. 노아와 그 가족들이 처음으로 한 것은 여호와 하나님께 감사의 제사를 드린 것입니다. 노아에게 무엇보다 시급한 것은 의식주 마련이었을 것입니다. 하지만 노아와 그 가족들이 절감한 것이 있습니다. 오직 하나님만이 인간의 생사화복을 주관하시며, 하나님을 떠나서는 혼돈과 공허와 흑암만이 있을 뿐임을 뼈저리게 체험한 것입니다.

모든 새로운 일은 사랑의 관계에서 시작됩니다. 바로 제사와 예배는 하나님과의 사랑의 관계를 확인하고 정립하는 시간입니다. 이 시간을 통해서 카이로스의 시간으로 들어갑니다.

하나님이 노아에게 이렇게 말씀하십니다.

"내가 다시는 사람으로 말미암아 땅을 저주하지 아니하리니 이는 사람의 마음이 계획하는 바가 어려서부터 악함이라 내가 전에 행한 것같이 모든 생물을 다시 멸하지 아니하리니"(창 8:21).

이어서 말씀하십니다.

"생육하고 번성하여 땅에 충만하라. 땅의 모든 짐승과 공중의 모든 새와 땅에 기는 모든 것과 바다의 모든 물고기가 너희를 두려워하며 너희를 무서워하리니 이것들은 너희의 손에 붙였음이니라"(창 9:1-2).

그러시면서 단 한 가지 규율을 덧붙이십니다.

"다른 사람의 피를 흘리면 그 사람의 피도 흘릴 것이니 이는 하나님이 자기 형상대로 사람을 지으셨음이니라"(창 9:6).

어디서 많이 보던 말씀입니다. 창세기 1장에 기록된 말씀들입니다. 홍수 사건은 창조의 단절이었고, 하나님은 노아를 새로운 아담으로 세우셔서 그와 더불어 재창조를 시작하십니다. 그러므로 "너는 생육하고 번성하여 땅에 충만하라"는 그 말씀을 다시 반복하셨습니다.

그리고 노아와 더불어 언약을 맺으십니다.

"내가 너희와 언약을 세우리니 다시는 모든 생물을 홍수로 멸하지 아니할 것이라. 땅을 멸할 홍수가 다시 있지 아니하리라. 하나님이 이르시되 내가 나와 너희와 및 너희와 함께 하는 모든 생물 사이에 대대로 영원히 세우는 언약의 증거는 이것이니라. 내가 내 무지개를 구름 속에 두었나니 이것이 나와 세상 사이의 언약의 증거니라"(창 9:11-13).

'존재'하는 모든 것은 '형식'이 있습니다. 그리고 거기에 담긴 '의미'가 있습니다. 형식과 의미, 아주 중요한 개념입니다.

십자가라는 형식은 원래 가장 저주스러운 의미를 담고 있었습니다. 십자가는 인간이 고안해낸 가장 고통스러운 처형 방법입니다. 예수님이 오시기 전에 어떤 사람이 십자가 모양의 목걸이를 생일 선물로 받았다고 합시다. 그 사람은 새파랗게 질려버렸을 것입니다. 축복받아야 할 생일날 최고의 저주를 받았기 때문입니다. 그런데 예수님이 오셔서 그 십자가에 가장 고귀한 사랑을 담아주셨습니다. 그 이후, 십자가는 최고의 사랑의 선물이 되었습니다. 십자가의 형식에 새 의미를 담으신 것입니다.

무지개는 더 이상 빛이 수증기를 통과하여 생기는 프리즘 현상이 아닙니다. 하나님은 무지개의 형식에 구원과 사랑과 새 출발의 의미를 담으셨습니다. 그러므로 하나님의 약속을 믿는 사람들은 무지개를 볼 때, 하나님과 노아를 기억합니다. 새롭게 열어주신 세상을 봅니다.

시간은 더 이상 덧없이 흐르는 것이 아닙니다. 시간의 형식에 하나님과의 언약을 통하여 생명의 의미를 담아주셨기 때문입니다. 신앙 생활이란, 세상의 경험과 교육을 통하여 배운 인간의 의미를 넘어, 만물을 새롭게 하시는 하나님의 의미를 배워가는 여정입니다.

만물에 하나님이 의미를 부여하셨습니다. 그 의미를 망각하고 내 뜻대로 사는 것이 타락입니다. 그 원래의 의미를 다시 살려내고 하나님의 뜻에 따라 순리대로 사는 것이 인생입니다.

25강 | 창세기 11:1-9

왜 언어를
혼잡게 하셨어요?

하나님이 사람들에게 시간과 생명과
재능을 주신 이유는
흩어짐을 면하는 데 쓰지 말고,
서로 사랑하는 일에,
사탄의 궤계를 무너뜨리는 일에,
하나님께 영광을 돌리는 일에,
가족을 살리고 이웃을 살리고
서로 즐겁게 사는 일에 쓰라는 것입니다.

The Story of
Heaven

제가 미국에 유학 가서 처음 아르바이트를 한 곳은 세탁소였습니다. 어느 날 고상하게 생긴 백인 여성이 울상을 하고는 하얀 바지를 가지고 왔습니다. 그 바지에서는 고약한 냄새가 진동을 했습니다. 고양이가 실례를 한 것입니다. 얼룩을 지우는 기계를 사용하여 깨끗하게 만들어주었더니 그 부인이 너무나 기뻐하면서 이렇게 말했습니다. "Good job! Good job!" 나는 이 말을 듣고 화가 났습니다. '아니, 고양이 배설물이나 지우는 이 직업을 좋은 직업이라고 하다니…. 내가 동양인이라고 깔보는구나.' 이렇게 생각하고는 그 부인이 팁으로 주는 5달러 지폐도 "No Thank you!" 하고 거절해 버렸습니다. 그런데 알고 보니 Good job이라는 말은 '좋은 직업'이라는 뜻이 아니라 '아주 잘했다'는 말이었습니다.

영어에 대한 관심은 전 세계적인 현상입니다. 중국어 열풍도 거셉니다. 외국어만 잘해도 출세하는 세상을 살면서 언어를 혼잡케 하신 하나님이 좀 원망스럽습니다.

성경은 "온 땅의 언어가 하나요 말이 하나였더라"라고 말하고 있습니다. 언어학에서도 그 사실을 인정하고 있습니다. 우리나라 언어도 우랄 알타이어 족에 속해 있다고 하는데, 우랄 지역은 러시아 중부를 가르는 산맥으로서 우리나라와는 상당히 멀리 떨어진 지역입니다.

바벨탑 사건은 비종교인들도 다 아는 유명한 이야기로서 하나님을 대적하려는 교만한 인간이 일으킨 사건이라고 설명합니다. 그래서 '바벨탑' 하면 '인간의 교만'이 바로 연상됩니다. 그런데 이 사건을 찬찬히 다시 들여다볼 필요가 있습니다.

노아의 후손들이 번창하면서 그들이 점차 동방으로 옮겨가다가 시날 평원을 만나게 되었습니다. 시날 평원은 유프라테스와 티그리스 강 근처에 있는 평원으로, 메소포타미아 문명의 발원지라고 추정되는 지역입니다.

그들이 이런 말을 합니다. "자, 벽돌을 만들어 견고히 굽자 하고 이에 벽돌로 돌을 대신하며 역청으로 진흙을 대신하고"(창 11:3).

이는 인간 문명의 시작을 말합니다. 이어서 사람들은 다음과 같이 말합니다. "자, 성읍과 탑을 건설하여 그 탑 꼭대기를 하늘에 닿게 하여 우리 이름을 내고 온 지면에 흩어짐을 면하자"(창 11:4).

이 말을 분석해볼 필요가 있습니다. '성읍과 탑을 건설하는 일'도, '그 탑 꼭대기가 하늘에 닿게 하는 일'도, 또 '자신의 이름을 내는 일'도 모두 한 가지 목적에 집중되어 있습니다. 곧 '흩어짐을 면해보자'는 것입니다. 인간 문명의 힘으로 흩어짐을 면하는 일에 집중하고 있습니다.

모든 사람들은 무병장수에 지대한 관심을 기울이고 있습니다. 불로초를 구하려 했던 진시황제의 노력은 오늘날에도 변함없이 계속되고 있습니다. 미국과 캐나다 과학자들은 젊음의 징표를 가진 복제 세포를 발견했다고 발표했습니다. 이 세포를 이용하면 사람의 수명을 지금보다 50% 더 연장시킬 수 있다고 합니다. 냉동인간에 대한 연구 보고도 있었는데, 영하 169도에서 급속 냉동시킨 금붕어와 개구리를 따뜻한 물속에 넣으니까 불과 몇 초 만에 거짓말처럼 다시 살아났다는 보고입니다. 상당한 비용에도 불구하고, 훗날 치료법이 발견되면 불치병으로 죽어가는 자신을 냉동시켜 다시 살게 해달라고 신청하는 사람들도 많습니다. 사람들은 왜 이토록 무병장수에 집착하고 죽음을 그토록 무서워하는 것일까요?

흩어짐의 최종 현상은 바로 '죽음'입니다. 그래서 죽어서도 흩어지지 않도록 묘를 만들고 미라를 만들기도 합니다. 그런데 아무리 애를 써도 흙에서 온 육체는 흙으로 돌아가고 먼지로 날아가버립니다.

성읍과 탑을 건설하는 일도, 그 탑 꼭대기가 하늘에 닿게 하려는 일도, 자신의 이름을 내는 것도 모두 흩어지지 않기 위한 가련한 몸부림입니다. 좋은 학교에 들어가고 돈을 많이 벌고 출세하려는 모든 것이 바로 성읍과 탑을 건설하는 일이며, 후세에 이름을 남기려고 애를 쓰는 것이 바로 높이 쌓은 탑에 이름을 내는 일입니다. 모두 흩어짐을 면해보고자 하기 위함입니다.

인간은 본질상 교만한 존재이지만, 그러나 정작 사는 모습을 들여다보면 오히려 가련한 사람들이 많이 있습니다. 몸이 아파 절절매는 사람들, 가정이 무너져 내리는데도 속수무책 그저 당하고만 있는 사람들, 어렵게 작은 사업을 꾸려가는 사람들, 동분서주 발을 동동 구르며 바삐 살지만 펴지지 않는 살림에 한숨을 쉬는 사람들, 자녀들의 문제로 마음이 미어지는 사람들, 이웃을 돕고 싶어도 내 코가 석 자라서 그저 바라볼 수밖에 없는 사람들. 주변에는 딱한 사람들이 너무나 많아서 헤아릴 수조차 없습니다.

그래도 오늘을 열심히 사는 것은 흩어져서 무nothing로 돌아가는 것이 두렵기 때문입니다.

그런데 흩어짐을 면해보고자 성읍과 탑을 열심히 건설하고 있는 공사 현장에 하나님이 강림하셨습니다. "애들이 뭐하고 있나?" 보려고 내려오신 것입니다. 일하는 모습을 물끄러미 바라보시던 하나님이 이렇게 말씀하십니다.

"이 무리가 한 족속이요 언어도 하나이므로 이같이 시작하였으니 이후로는 그 하고자 하는 일을 막을 수 없으리로다"(창 11:6).

그러고는 언어를 혼잡케 하셔서 서로 말이 통하지 않게 만들어 버리셨습니다. 그 결과는 '공사 중단'이었습니다. 사람들은 자신의 연장을 손에 들고서 어깨를 축 늘어뜨리고 각자 고향으로 흩어질 수밖에 없었습니다.

하나님은 왜 그리하셨을까요? 흩어짐을 면해보려고 애를 쓰는 사람들을 도와주지는 못할망정 왜 훼방을 놓으신 것일까요? 하나님은 인간의 독자적인 계획을 용납하지 않으시는 독선적인 분인가요? 인간을 자신의 영원한 하수인으로 만들려는 것일까요? 하나님은 사랑의 하나님이라는데 이러한 행동이 과연 사랑의 표현인가요? 참으로 야속한 하나님이십니다.

왜 그리하셨을지, 그렇게 하신 하나님의 참의도가 무엇인지 알아보겠습니다.

예수님이 친히 하신 어리석은 부자 이야기가 있습니다.

"한 부자가 그 밭에 소출이 풍성하매 심중에 생각하여 이르되 내가 곡식 쌓아 둘 곳이 없으니 어찌할까 하고 또 이르되 내가 이렇게 하리라. 내 곳간을 헐고 더 크게 짓고 내 모든 곡식과 물건을 거기 쌓아 두리라. 또 내가 내 영혼에게 이르되 영혼아 여러 해 쓸 물건을 많이 쌓아 두었으니 평안히 쉬고 먹고 마시고 즐거워하자 하리라 하되"(눅 12:16-19).

이 어리석은 부자의 이야기는 또 다른 바벨탑 이야기입니다. 이 부자는 풍성한 수확으로 바벨탑을 쌓습니다. 그래서 이제는 흩어짐을 면했으니까 잘 먹고 잘 놀자고 말합니다.

그런데 하나님이 이 부자에게 이렇게 말씀하십니다.

"어리석은 자여 오늘 밤에 네 영혼을 도로 찾으리니 그러면 네 준비한 것이 누구의 것이 되겠느냐"(눅 12:20).

하나님이 훼방을 놓으신 것입니다.

하나님이 가르치고 싶어 하시는 것이 있습니다. 아무리 성읍과 탑을 건설하고, 창고에 곡식과 물건을 가득가득 쌓아놓는다 해도 결코 흩어짐을 면할 수 없다는 것입니다.

사람들이 모르는 너무도 중요한 사실이 있습니다. 인간은 애초부터 그 태생이 하나님의 형상을 가진 하나님의 자녀입니다. 하나님의 자녀는 하나님의 속성을 이어받은 존재입니다. 하나님은 영원하십니다. 그러므로 하나님의 자녀에게는 흩어짐 자체가 없다는 것입니다.

이미 말씀드렸습니다. 사람은 흙으로 된 육적 생명과 하나님으로부터 온 영적 생명의 결합체입니다. 육적 생명, 곧 우리의 몸은 썩어서 흙으로 돌아가지만, 우리의 중심, 곧 영혼은 하나님으로부터 온 것이므로 영원히 존재하는 것입니다. '생령', 즉 살아 있는 영, 이것이 우리의 본질입니다

땅으로부터 온 육적 생명은 흙으로 돌아가지만, 하나님으로부터 온 영은 흩어지지 않습니다. 절대로 없어지지 않습니다. 그런데 왜 사람들은 흩어짐을 두려워하는 것일까요? 영적 생명이 죽었기 때문입니다. 영적 생명이 죽었다는 것은 타락했다는 것이요, 타락했다는 것은 사탄의 거짓에 놀아나고 있다는 것의 다른 표현입니다. 그러므로 인간에게 남은 것은 흙으로 돌아가 흩어질 수밖에 없는 육적 생명입니다. 당연히 그 육적 생명이 흩어지는 것에 전전긍긍하는 것 외에는 할 일이 없습니다.

아래 사항을 읽고 몇 가지나 수긍하는지 한번 세어보시기 바랍니다.

첫째, 인간은 자력으로 살아가야 한다. 자신 외에는 아무것도 의지해서는 안 된다.

둘째, 죽음은 인생의 절대적인 마지막이며 그 뒤에는 아무것도 없다.

셋째, 모든 인간의 주요 동기는 돈이며, 만일 그렇지 않다고 하는 경우는 모두 위선을 행하고 있는 것이다.

넷째, 그러므로 돈을 위해 경쟁하는 것이야말로 인생을 살아가는 가장 현명한 방법이다.

다섯째, 사랑이라는 것은 없다. 단지 사람들이 만들어놓은 개념에 불과하다.

동의하는 것이 몇 가지나 됩니까?

이 내용은 스캇 펙 박사의 저서 《거짓의 사람들》이라는 책에 수록된 내용으로서, 엑소시즘으로 정체를 드러낸 사탄이 서술한 내용입니다. 사탄의 거짓 메시지입니다.

성령은 친히 우리의 영과 더불어서 우리가 하나님의 자녀인 것을 증거하고 계십니다(롬 8:16). 하나님의 자녀는 절대로 흩어지지 않습니다. 그러나 성령의 영적 메시지를 받아야 하는 영적 안테나, 즉 영적 생명이 작동하지 않을 때 사탄의 거짓 메시지를 받습니다. 성읍과 탑을 건설하여 흩어짐을 면하고자 하는 사람들은 바로 사탄의 거짓 메시지에 속고 있는 사람들입니다.

사탄의 최종 목표는 철저한 파괴입니다. 사람들로 하여금 거짓 메시지에 속아서 그 소중한 인생과 시간을 어차피 흩어질 수밖에 없는 육체의 흩어짐을 면하는 일에 온통 쏟아 붓도록 만들어버립니다.

한스라는 꼬마가 어느 날 길을 가다가 20달러짜리 지폐를 주웠습니다. 당시 한스는 다섯 살이었습니다. 엄마에게 자랑스럽게 이야기했더니 엄마가 칭찬을 해주었습니다. 그 엄마는 약간 모자라는 엄마였을지도 모릅니다. 그 이후로 한스는 더 많은 칭찬을 받기 위해 땅만 보고 다녔습니다. 그래서 평생 주운 단추가 20만 개가 넘고 핀은 8만 개가 넘었습니다. 그런데 평생 동안 주운 돈은 고작 200달러를 넘지 못했습니다. 이 어이없는 이야기는 실화입니다.

이런 인생을 살고 있는 사람들이 너무도 많습니다. 주식으로 돈을 법니다. 사탄이 잘했다고 칭찬합니다. 그래서 주식을 사는 데 일생을 보냅니다.

온 백성이, 온 세계가, 돈이 되는 곳으로 시선을 집중시킵니다. 바로 우리들의 이야기입니다. 하나님은 "이 무리가 한 족속이요"라고 말씀하십니다. 겉모습은 달라도 수많은 사람들이 모두 돈, 명예, 권력, 쾌락 등 같은 목적으로 살아간다는 말입니다.

하나님은 '언어가 하나'라고 말씀하십니다. 영어를 쓰든, 독일어를 쓰든, 중국어를 쓰든, 일본어를 쓰든, 한국어를 쓰든, 모두 다 어떻게 하면 잘 먹고 잘 살 수 있는가에 집중되어 있으며 다른 나라 말을 배우려 하는 것도 잘 먹고 잘 살기 위함이라는 것입니다.

"이후로는 그 하고자 하는 일을 막을 수 없으리로다." 정말 그렇습니다. 이 악한 세상, 경박하기 짝이 없는 세상, 누가 바로잡으며 누가 통제할 수 있겠습니까? 그래서 하나님은 이들의 언어를 혼잡케 하시고 이들을 흩어버리셨습니다.

바벨이라는 뜻이 바로 '혼잡'입니다. 흩어짐을 면키 위하여 쌓기를 원하는 것은 모두 혼란을 초래합니다. 냉동 인간 할아버지가 백 년 후에 다시 살아났다고 합시다. 그때 어떤 일이 생길까 한번 상상해보십시오. 이미 완전히 달라진 세상에서 아는 사람도 하나 없고, 축적된 경험은 이미 아무 쓸모가 없어졌습니다. 그 나이에 다시 배워야 할까요? 분명 다시 죽여달라고 할 것입니다.

하나님은 사람들에게 시간과 생명과 재능을 주셨습니다. 이것을 주신 이유는 흩어짐을 면하는 데 쓰지 말고, 다른 데 쓰라는 것입니다. 서로 사랑하는 일에, 사탄의 궤계를 무너뜨리는 일에, 하나님께 영광을 돌리는 일에, 가족을 살리고 이웃을 살리고 서로 즐겁게 사는 일에 쓰라는 것입니다.

인생은 자력으로 사는 것이 아닙니다. 하나님과 이웃과 더불어 사는 것입니다.

죽음은 결코 인생의 종국이 아닙니다. 오히려 죽음 이후에 삶이 완성됩니다.

인생의 최고 목적은 돈이 아닙니다. 오늘을 사는 것은 결코 돈의 힘이 아닙니다. 하나님의 사랑의 힘입니다.

〈창세기 下에서 계속〉